Inhaltsverzeichnis

Anmerkung zum Gebrauch der weiblichen Form „*Erzieherin*":

Um den Lesefluss nicht zu behindern, haben wir im gesamten Buch grundsätzlich die weibliche Form gewählt. Natürlich sind damit auch immer Männer gemeint, also Erzieher, Pädagoge, Kitaleiter etc.

Ein paar Worte vorab ...

Auf die Plätze fertig, Mut

Wussten Sie, dass es in Deutschland etwa **fünfhunderttausend Erzieherinnen und Kinderpflegerinnen** gibt? Damit könnten wir etwa sechs Mal das Olympiastadion in Berlin füllen. **Sie sind nicht allein unterwegs!** Und …

Sie sind mutig – sonst hätten Sie nicht diesen schönen Beruf gewählt, in dem Sie Tag für Tag als ganze Person herausgefordert sind und im Verlauf eines Tages zwischen mehreren Rollen hin- und herspringen. In dem Sie nur eine Chance haben, wenn Sie authentisch sind, wenn Sie Autorität ausstrahlen wie ein Dompteur und gleichzeitig eine mitfühlende Begleitung für die Kinder und deren Eltern sind.

Sie sind tapfer – Sie ertragen gut gelaunt den Lärmpegel einer Großbaustelle, sitzen oft auf zu kleinen Stühlen, können mit anstrengenden Kindern genauso liebevoll umgehen, wie Sie Nerv tötenden Eltern verständnisvoll begegnen. Sie hören CDs mit schrecklichen Kinderliedern, weil die Kinder diese Lieder lieben. Sie führen Elternabende durch, obwohl Sie aufgeregt sind und Sie wissen um Ihre Aufsichtspflicht und halten es trotzdem aus, die Kinder ihre wichtigen Erfahrungen machen zu lassen.

Sie sind schlau – Sie können sich auf Ihren pädagogischen Sachverstand verlassen und ebenso auf Ihre Intuition. Sie kennen die Regeln der Kommunikation, machen Eltern einfühlsam deutlich, was für ihr Kind der beste nächste Schritt wäre. Sie vermitteln den Kindern Wissen und fördern ihre sozialen und emotionalen Kompetenzen.

Und Sie sind noch vieles mehr!

Woher ich das alles weiß? Aus erster Hand. Ich erlebe es in meinen Seminaren mit Erzieherinnen und Erziehern und bei meinen Projekten und Recherchen in Kita und Hort. An dieser Stelle daher: **Herzlichen Dank allen meinen Seminarteilnehmerinnen und Teilnehmern!** Danke für Ihr Vertrauen und Ihren Mut zur Offenheit! Ich lerne in jedem Seminar auch von Ihnen.

Und deshalb weiß ich auch, dass es neben der vergnüglichen Seite Ihres Berufes immer wieder Situationen gibt, die besonderen Mut erfordern, wie

- ungerechtfertigte Angriffe von Eltern,
- Konflikte im Team,
- Desinteresse der Kolleginnen an neuen Ideen,
- Konkurrenzdenken,
- Nervosität vor schwierigen Gesprächen,
- Lampenfieber bei Elternabenden.

Falls Sie solche Situationen nicht kennen oder unbeschadet meistern – herzlichen Glückwunsch! Wenn Sie in heiklen Situationen aber hin und wieder erleben, dass

- Sie das Vertrauen in sich selbst verlieren,
- es Ihnen die Sprache verschlägt,
- Sie sich grundlos rechtfertigen und entschuldigen,
- Sie sich manchmal fragen, ob Sie den richtigen Beruf gewählt haben,

dann ist dieses **Mutmach-Buch** genau das Richtige für Sie.

Kinder haben oft einen imaginären Gefährten in der Hosentasche, der ihnen hilft, beängstigende Momente durchzustehen. Vielleicht kann dieser **Mutmacher** etwas Ähnliches für Sie sein? Ein kleiner, vergnügter Ratgeber mit **Tipps & Tricks für stürmische Zeiten im Kita-Alltag.** Natürlich können Sie im Ernstfall nicht sagen: *„Moment, brüllen Sie mich ruhig weiter an, ich schlage so lange mal nach, wie ich mich dabei am besten verhalte!"*

Besser, Sie blättern im Mutmacher, wenn Sie Ruhe haben, sich die angebotenen Fragen durch den Kopf gehen zu lassen, die kleinen Übungen auszuprobieren und die vorgeschlagenen Strategien auf ihre Praxistauglichkeit zu überprüfen. Ich wünsche Ihnen nun viel Vergnügen beim Lesen!

Bettina Theißen

Ich bin nix, ich kann nix!

Schritt für Schritt zu mehr Selbstvertrauen

*„Sobald du dir vertraust,
sobald weißt du zu leben."
(J. W. von Goethe, Faust)*

Beispiel

Lisa ist jung, attraktiv, gut ausgebildet und macht in
der Arbeit mit den Kindern einen guten Job. Die
Kinder lieben sie. Aber sobald Eltern oder Kolleginnen mit ihr sprechen, zieht sie die Schultern hoch,
dreht die Füße nach innen, legt verlegen den Kopf
schräg und spricht mit leiser Mädchenstimme. Lisa
wäre die Idealbesetzung, um im Film eine kleine
schüchterne Maus zu synchronisieren.

Was ist da los? Na klar, Sie ahnen es schon: Lisa ist
schüchtern und sie hat kein Selbstvertrauen. Sobald mehrere Leute zusammenkommen, verstummt sie und zieht
sich, wie eine Schnecke, der jemand auf die Fühler
geklopft hat, in ihr Schneckenhaus zurück. Sie lebt im
„Fehlervermeidungs-Modus". Das bedeutet: Wer nichts

9

sagt, kann auch nichts Falsches sagen, wer nichts macht, kann auch nichts Falsches machen – und so ist man vermeintlich auf der sicheren Seite des Lebens.

Ja, vielleicht ist Lisa damit auf der sicheren Seite, aber gleichzeitig auch auf der langweiligen, belanglosen Schattenseite des Lebens. Sie wird nie erleben, wie eine ihrer guten Ideen in die Tat umgesetzt wird, sie wird ihre Kraft, etwas zu bewegen nicht kennenlernen, sie wird nie Stolz und Erleichterung fühlen, weil sie sich einer Auseinandersetzung gestellt hat. Sie wird ihre Meinung und ihre Werte nicht vertreten und positive Rückmeldung immer für ein faules Kompliment halten. Schade, für sie und für die anderen, die Eltern und das Team, die Lisas Qualitäten nur ahnen können. Wenn Lisa so weiter macht, wird sie ihre Kraft und ihre Fähigkeiten nie ausschöpfen und dadurch immer weiter an Selbstvertrauen verlieren.

Was denken Sie? Ist Lisa ein hoffnungsloser Fall? Gilt hier die Devise: *„Man hat's oder man hat's nicht"*? Ganz sicher nicht! Und Lisa muss sich auch nicht ändern. Schüchternheit ist Teil der Persönlichkeit und hat ihren Charme. Es geht lediglich darum, dass Lisa so viel **Selbstvertrauen** gewinnt, dass sie glücklich und erfüllt Ihr Leben erlebt. Was also kann Lisa tun um ihr Selbstvertrauen zu stärken?

Selbstvertrauen – woher nehmen und nicht stehlen?

Selbstvertrauen können wir lernen, trainieren und stärken! So wie dribbeln im Fußball, Schlittschuh laufen oder Wiener Walzer linksrum getanzt. Sie merken schon, ich sehe die Sache eher sportlich. Und wie wir wissen, gibt es nur eine Sache im Sport, die uns weiterbringt: üben, üben, üben.

Bevor wir damit starten, werfen wir einen kleinen Blick auf das Thema **Vertrauen**.

Worauf beruht Vertrauen?

In der Regel auf den positiven Erfahrungen, die wir mit dem jeweiligen Menschen gemacht haben. Wir haben erlebt, dass die Person unseres Vertrauens zuverlässig ist, mit uns durch dick und dünn geht, loyal ist, unsere Fehler verzeiht und uns annimmt und mag, wie wir sind.

Wem vertrauen Sie?

Kennen Sie jemanden, mit dem Sie bedenkenlos durch die Wüste gehen würden? Haben Sie jemanden, von wem Sie sich blind durch eine Menschenmenge führen lassen würden, in der Gewissheit, Sie kommen unbeschadet an Ihr Ziel? Gibt es jemanden, der in einer schwierigen Situation zu Ihnen sagt: *„Du schaffst das!"*?

Wenn Sie jetzt dreimal genickt haben: Sie haben Grund zum Feiern! Es gibt kein größeres Geschenk als einem anderen Menschen vertrauen zu können. Oder vielleicht doch?

Sind Sie bereit für die Vertrauensfrage?

Wäre es nicht noch schöner, wenn wir selbst diese Person unseres Vertrauens wären? Wenn wir uns selbst die beste Freundin oder der beste Freund sein könnten? Wenn wir in schwierigen Situationen einen kühlen Kopf behalten, für uns einstehen, uns Mut machen und sagen: *„Du kannst dir vertrauen, Schätzchen, du schaffst das schon!"*

Selbstvertrauen bestimmt jede Handlung, jeden Satz, unsere Wortwahl und Körpersprache, Liebesfähigkeit, die gesamte Kommunikation, unsere Ziele für das Leben.

Möchten Sie tagtäglich mit jemandem zusammenarbeiten und wichtige Dinge entscheiden, dem Sie nicht vertrauen? Genau das tun wir aber, wenn wir uns selbst nicht vertrauen. Denn wo auch immer wir hingehen, haben wir uns selbst mit im Gepäck.

Stellen Sie sich vor, Sie wollen jemandem erklären, was **Selbstvertrauen** ist, welche Worte würden Sie benutzen?

Selbstvertrauen ist

- der starke Glaube, eine Anforderung oder Erwartung erfüllen zu können,

○ die berechtigte Hoffnung, das, was man sich vorgenommen hat, zu erreichen,

○ die feste Überzeugung mit den eigenen Fähigkeiten ans angestrebte Ziel zu gelangen,

○ das sichere Wissen, dass die persönliche Kraft ausreicht, um eine bestimmte Aufgabe zu bewältigen.

Möglicherweise ist Selbstvertrauen ein Puzzle aus all diesen Begriffen. Aber unabhängig davon ist es ein Dauerbrenner, der über Generationen hinweg in Songs, Filmen und Geschichten eine Hauptrolle spielt.

Nehmen wir einen Pop-Klassiker wie *„I will survive"* (z. B. von S. Bassey), in dem eine Frau sich mutig aus einer miesen Beziehung löst. Sehen wir uns den Film *„Billy Elliott – I will dance"* an, in dem Billy, ein Kind aus der englischen Arbeiterschicht, gegen den Widerstand seiner Umgebung zum großartigen Tänzer wird. Erinnern wir uns an das Märchen *„Der Teufel mit den drei goldenen Haaren"* in dem ein Junge, geschützt durch eine Glückshaut, voller Selbstvertrauen alle fiesen Machenschaften, welche die Gebrüder-Grimm-Märchenwelt zu bieten hat, unbeschadet übersteht. Alle drei Geschichten haben ein **Happyend** und können uns **Mut machen**. Sie zeigen uns, wie die Protagonisten ihrem Gefühl, ihrer Kraft und ihrem Mut auch in schwierigen Situationen vertrauen. Aber woran erkennt man eigentlich mangelndes Selbstvertrauen?

Übung

Mit der folgenden Checkliste können Sie sich selbst auf die Spur kommen und die persönliche Baustelle erkennen. Kreuzen Sie die Eigenschaften oder Verhaltensweisen an, die Ihnen an sich selbst im Arbeitsalltag, z. B. im Umgang mit Eltern, Kolleginnen oder Aufgaben, schon aufgefallen sind und die Sie irritiert haben. Anschließend können Sie sich entscheiden: Lasse ich es so, weil es nicht oft vorkommt, oder will ich etwas daran verändern?

Die Liste erhebt natürlich keinen Anspruch auf Vollständigkeit und bitte ergänzen Sie sie mit Ihren ganz persönlichen „Selbstvertrauens-Killern".

1. Alle anderen sind bedeutender als ich.

☐ Ich habe übermäßigen Respekt vor Autoritäten (Vorgesetzte, Fachleute, Behörden).

☐ Ich fühle mich unsicher, wenn mir jemand gebildeter erscheint als ich.

☐ Erzählen, singen, spielen – bei den Kindern traue ich mich viel, aber sobald Erwachsene dabei sind, ist mir das sehr unangenehm.

☐ Ich mache mir oft Gedanken darüber, was andere von mir denken.

☐ Ich beobachte mich sehr stark, wenn ich mit anderen Menschen zusammen bin.

☐ Ich vergleiche mich sehr oft mit anderen und empfinde mich als schwächer.

2. Irgendwann werden sie rauskriegen, dass ich keine Ahnung habe.

☐ Ich vergesse leicht meine Fachkompetenz.

☐ Ich sage oft nichts, weil ich Angst habe, etwas Falsches zu sagen.

☐ Es fällt mir schwer, anzuerkennen, wenn ich etwas gut hingekriegt habe. Ich richte den Blick eher auf das, was nicht geklappt hat.

☐ Ich habe Angst vor überraschenden Fragen.

☐ Ich mache meine Leistung kleiner als sie ist.

☐ Ich blocke Ideen oder Neuerungen ab, aus Angst, das nicht zu schaffen.

☐ Ich übernehme Aufgaben, die mich interessieren nicht, aus Angst, zu versagen.

☐ Ich habe gute Ideen, aber ich melde mich in Team-sitzungen nicht zu Wort.

☐ Ich habe immer wiederkehrende Selbstzweifel an meiner Arbeitsleistung.

☐ Ich brauche sehr viel Lob und Rückmeldung von anderen, um mich sicher zu fühlen.

☐ Ich empfinde starke Konkurrenz zu meinen Kolleginnen.

3. Mit mir kann man's ja machen.

☐ Ich kann nicht Nein sagen.

☐ Ich kann Menschen, die mich bedrängen, keine Grenzen aufzeigen.

☐ Ich habe Angst vor Auseinandersetzungen und Konflikten.

☐ Ich rechtfertige mich bei einem Angriff grundlos.

☐ Ich räume bei Widerstand sofort das Feld.

☐ Ich will, dass mich alle nett finden.

☐ Ich stelle meine eigenen Bedürfnisse bei Bedarf sofort zurück.

☐ Auch wenn ich und meine Werte verletzt werden, würde ich nie den Mund aufmachen.

☐ Ich rede schon gewohnheitsmäßig „Leuten nach dem Mund".

4. Ich bin eigentlich gar nicht da.

☐ Ich kann Menschen nicht in die Augen sehen.

☐ Ich versuche, möglichst nicht aufzufallen.

☐ Ich kleide mich graumausig.

☐ Ich mache mich körperlich kleiner als ich bin.

☐ Ich denke, wenn ich eher unterwürfig auftrete, mögen mich mehr Menschen.

☐ Ich rede bei Elternabenden sehr schnell, damit ich ebenso schnell aus dem Mittelpunkt verschwinden kann.

☐ Ich rede mit Erwachsenen oder beim Elternabend meistens sehr leise.

☐ Ich scheue mich, etwas für mich in Anspruch zu nehmen.

☐ Ich kann nicht um Hilfe oder Unterstützung bitten.

☐ Ich schäme mich, wenn ich ein Kompliment oder Lob bekomme.

5. Wer soll mich schon gut finden?

☐ Ich habe jede Menge an mir zu meckern und tue das auch.

☐ Ich gefalle mir äußerlich nicht.

☐ Ich beobachte viele Eigenschaften und Verhaltens-weisen an mir, die ich nicht mag.

☐ Ich setze viele meiner Vorhaben nicht in die Tat um.

☐ Ich kann mich schwer entscheiden.

☐ Es ist mir peinlich, im Mittelpunkt zu stehen und von allen angeschaut zu werden.

☐ Ich mache mich, wenn etwas schief läuft, selber runter.

☐ Ich werde aggressiv und laut, wenn mich etwas verunsichert.

☐ Ich werde zickig, wenn ich Angst habe.

☐ Ich vergrößere mich bei Unsicherheit körperlich bis zur Überspannung, weil ich denke, sonst werde ich nicht wahrgenommen.

Der Mutmacher für Erzieherinnen & Erzieher

☐ Wer nicht für mich ist, der ist gegen mich.

☐ Andere Meinungen verunsichern mich so stark, dass ich sie gar nicht zulassen kann.

☐ Ich empfinde schon eine andere Meinung als Angriff.

☐ Ich bin schnell beleidigt.

☐ Ich schäme mich schnell.

Na, wie geht's? Haben Sie sich in dem einen oder anderen Punkt wiedererkannt?

Oder konnten Sie sogar etwas aus Ihrem persönlichen Repertoire hinzufügen? Ich hoffe doch!

Tipp

Wir sind ja keine Roboter. Das Maß unseres Selbstvertrauens ist auch von der jeweiligen Situation und Tagesform abhängig.

Wenn wir keine einzige Situation kennen, in der unser Selbstvertrauen auch mal wackelt, kann das ein Zeichen dafür sein, dass …

- wir selten etwas Neues ausprobieren,
- wir uns möglicherweise nicht besonders gut kennen und wahrnehmen
- oder, dass wir auch vor uns selber die Dauer-Power-Fassade aufrecht erhalten.

Wussten Sie schon, dass man sogar ein zu viel an **Selbstvertrauen** haben kann, was dann zur **Selbstüberschätzung** führt? In ihrem Buch *„Je selbstsicherer, desto besser?"*, beschreibt Prof. Dr. Astrid Schütz, die im Bereich Persönlichkeitspsychologie zum Thema lehrt und forscht, dass sich nicht nur Selbstunterschätzung, sondern auch Selbstüberschätzung negativ auf unsere Leistungen auswirken kann.

Buchtipp

Astrid Schütz: Je selbstsicherer, desto besser? Licht und Schatten positiver Selbstbewertung. Beltz, 2005

Falls Sie festgestellt haben, dass viele Punkte auf der Mängel-Liste wiederkehrend und dauerhaft auf Sie zutreffen, dann machen Sie sich auf den Weg, Ihr Selbstvertrauen und damit Ihr **Selbstwertgefühl** zu stärken. Probieren Sie die Übungen und Anregungen in diesem Buch aus. Greifen Sie sich heraus, was Sie gebrauchen können, was für Sie machbar ist und stimmt.

Und wenn Sie merken, so komme ich allein nicht weiter, scheuen Sie sich nicht, um Hilfe zu bitten!

Lassen Sie sich auf den schwierigsten Wegstrecken von einem Coach, Trainer oder Therapeuten begleiten. Es lohnt sich!

Auf das können Sie sich freuen, wenn Sie Ihr Selbstvertrauen stärken:

- Sie gehen angstfreier auf Aufgaben zu,
- Sie haben mehr Freude an der Arbeit,
- Sie sehen strahlender aus,
- Sie gehen entspannter mit anderen Menschen um,
- Sie bekommen mehr Aufmerksamkeit und positive Rückmeldung.

Miss Bescheidenheit

Die eigenen Stärken erkennen & akzeptieren

Bitte überlegen Sie einen Moment: Wen finden Sie so richtig toll? Vielleicht einen Freund oder eine Freundin? Eine Kollegin oder einen Kollegen? Einen Sportler oder eine andere Person des öffentlichen Lebens? Was gefällt Ihnen besonders gut an diesem Menschen? Was kann er oder sie? Sicher fällt Ihnen jemand ein und Sie könnten begeistert von ihm erzählen.

Wenn ich Sie nun fragen würde: *„Und was gefällt Ihnen an sich selbst besonders gut?"* Hätten Sie darauf eine Antwort?

Glauben Sie an Ihre Stärken!

Wir lernen durch Wiederholung. Und je öfter wir wirklich schlecht von uns denken, desto stärker werden die synaptischen Verbindungen in unserem Gehirn. Sie hinterlassen einen tiefen Pfad, versehen mit einem blinkenden Wegweiser: *„Hier geht's zu Unsicherheit und Inkompetenz."*

Lassen Sie sich nicht durch Presse oder TV täuschen. Im Interview geäußerte Selbstzweifel gehören zurzeit ins Standardprogramm eines jeden Stars. Es ist eine Frage der PR dadurch sein privilegiertes Leben zu verkleinern und den Fans zu zeigen: *„Ich bin eine von euch."* Die ehrlich gemeinte **Selbstabwertung** führt aber leider nur in Hollywoodfilmen dazu, dass der Prinz kommt, *„Miss Bescheidenheit"* an die Hand nimmt und ihr zeigt, wie toll, begabt und liebenswert sie eigentlich ist. Im wahren Leben führt häufig geäußerte Selbstabwertung dazu, dass unsere Mitmenschen uns irgendwann glauben und uns dementsprechend behandeln.

Also, warum tun wir nicht das, was wir auch bei den Kindern für richtig halten? **Stärken stärken!** Der erste Schritt dazu ist, dass wir uns unsere Stärken bewusst machen.

Höre ich da ein leises genervtes Seufzen? Nein! Legen Sie das Buch jetzt nicht weg. Keine Sorge! Aus meinen Seminaren weiß ich, dass so gut wie kein Mensch Lust hat, die klassische *„Meine Stärken-Liste"* anzulegen, auf der dann steht, dass er ein mitfühlender Mensch ist, der gut zuhören kann, besonders gut Apfelkuchen backt und seine Katze wortlos versteht.

Wesentlich interessanter ist der **Weg,** den wir gegangen sind und **wie** wir zu unseren Stärken gefunden haben. Wenn wir uns diesen Weg bewusst machen, können wir ihn abrufen und möglicherweise wiederholen.

Übung

Springen Sie über die Bescheidenheits-Hürde!

Stellen Sie sich mal vor, Sie lernen jemanden kennen. Den Papst, Robbie Williams oder den Nachbarn von nebenan. Und der bittet Sie, ihm Geschichten aus Ihrem Leben zu erzählen, Geschichten und Erlebnisse bei denen Sie Mut, Ausdauer und Stärke bewiesen haben. Und jetzt sagen Sie bloß nicht *„Mir fällt nichts ein!"* oder *„Ist doch nichts Besonderes, macht doch jeder!"* Sie haben schon so viel erlebt und auf Ihre ganz persönliche Art bewältigt.

Bitte erinnern Sie sich daran und notieren Sie sich die Situationen in Ihrem Leben, die Sie nach Ihrem Empfinden gut gemeistert haben.

Wie haben Sie Ihre Ziele erreicht?
Welche Eigenschaften haben Ihnen geholfen?
Welche Stärken waren dafür nötig?

Vielleicht macht es Ihnen aber mehr Freude, sich mit einer Freundin gegenseitig zu befragen. Dann spiegelt Ihnen Ihre Gesprächspartnerin auch ihre eigene Sicht der Dinge wieder und Sie bekommen dadurch eine zusätzliche Perspektive.

Welche Geschichten gibt es dazu zu erzählen? Erinnern Sie sich an die komischen und traurigen Seiten der jeweiligen Situation. Was hat Sie damals stark gemacht? Warum haben Sie bei Schwierigkeiten nicht aufgegeben?

Zur Anregung finden Sie hier eine kleine Themenauswahl:

- Schule absolviert,
- zum ersten Mal allein gereist,
- zu Hause ausgezogen,
- Ausbildung gemacht,
- Prüfungen bestanden,
- Geld verdient,
- Verhalten verändert,
- Krankheiten überlebt,
- Angst und Nervosität bewältigt,
- Liebeskummer verkraftet,
- Konflikte ausgetragen,
- jemandem verziehen,
- das erste Elterngespräch geführt,
- eine gegenteilige Meinung vertreten,
- Kinder bekommen,
- Kinder großgezogen,
- schwierige Entscheidungen getroffen.

Tipp

Übertragen Sie Ihre *„Das habe ich schon geschafft!"*- Liste auf ein Blatt Papier in Ihrer Lieblingsfarbe. Falten Sie es zusammen und stecken Sie es in Ihre Handtasche. In schwierigen Zeiten werfen Sie einen Blick darauf. Erinnern Sie sich, dass Sie sich, aufgrund Ihrer Erfahrungen, selbst vertrauen können.

Buchtipp

Sabine Asgodom: Eigenlob stimmt: Erfolg durch Selbst-PR, Econ 2003

Mut – in guten wie in schlechten Zeiten

Auf die eine oder andere **Niederlage** in unserem Leben hätten wir alle liebend gerne verzichtet. Ich finde auch nicht, dass wir in jeder Krise sofort die große Chance wittern müssen. Eine Krise ist oft erst einmal ein Riesenschlamassel und das sollten wir auch so empfinden dürfen, einen Durchhänger haben und darauf vertrauen, dass das Leben irgendwie weiter geht.

Gut drauf sein, solange alles glatt läuft, kann jeder! Das Selbstvertrauen wächst, wenn wir die Erfahrung machen, dass wir nicht nur in den Sternstunden des Lebens glänzend zurechtkommen, sondern auch Abstürze und Niederlagen verkraften. In solchen Situationen erleben wir, was in uns steckt und in welchem Maß wir uns vertrauen können. Sicher kennen Sie auch solche Beispiele:

Die Mutter, die plötzlich mit ihren drei Kindern allein dasteht und überrascht ist, welche Kräfte sie mobilisiert, um die Situation zu meistern. Die Erzieherin, die trotz massiven Widerstandes endlich ein Elternpaar davon überzeugen kann, dass ihr Kind eine Förderung braucht oder der Sportler, der trotz heftiger Niederlagen immer wieder antritt.

Üben, wenn's am schönsten ist

Am entspanntesten üben wir, die eigenen Stärken auszutesten, wenn es um nichts geht, wenn alles nach Plan läuft und wir uns wohlfühlen.

Dann können wir herausfordernde Situationen suchen und uns auch auf Neuland wagen.

Tipp

Machen Sie regelmäßig Dinge, die im Rahmen Ihrer Möglichkeiten liegen, die Sie sich aber bis jetzt nicht zugetraut haben. Z. B.:

- Hängen Sie im Sport die Latte etwas höher.
- Melden Sie sich in der Teamsitzung oder bei einer Diskussion zu Wort.
- Bestimmen Sie den Tonfall im Elterngespräch.
- Sagen Sie der Kollegin, dass Sie schon lange einmal mit Ihr sprechen wollten.
- Gehen Sie in ein Geschäft, in das Sie sich bis jetzt nicht hineingetraut haben.
- Sie wissen selbst am Besten, was für Sie eine Herausforderung darstellt.

Vielleicht kennen Sie die folgende schöne Übung für Kinder?

Übung

**Das kann ich schon –
das will ich lernen!**

Sie sitzen mit den Kindern im Kreis.
In der Mitte liegen eine Feder und
ein kleines Geschenkpaket.

Die Feder steht für *„Das kann ich schon, das fällt mir
leicht"*, das Geschenkpaket steht für *„Das will ich lernen"*.
Nun steht ein Kind, nennen wir es Peter, auf und nimmt
sich die beiden Gegenstände.

Peter zeigt die Feder und sagt z. B.: *„Ich kann gut
malen."* Dann zeigt er das Geschenkpäckchen und sagt,
z. B.: *„Ich möchte richtig gut klettern können."*

Alle Kinder überlegen gemeinsam, wie Peter besser klettern lernen kann.

Auf eine andere Art können wir diese kleine Übung auch
mit uns selber machen. Unterteilen Sie ein Blatt Papier in
der Mitte. So könnte es aussehen:

In diesen Situationen fühle ich mich sicher	In diesen Situationen fühle ich mich unsicher
Kindern Geschichten erzählen	präsentieren beim Elternabend
Streit schlichten	Teamsitzungen

Buchtipp

Bettina Theißen: Selbstvertrauen entwickeln: Starke Spiele für starke Kita-Kinder, Verlag an der Ruhr, 2012

Auswertung

Können Sie sich über die *„Ich bin sicher"*-Positionen freuen? Das wäre prima! Nun überlegen Sie, welche der Positionen in der *„Ich fühle mich unsicher"*-Spalte für Sie und Ihre Arbeit so wichtig sind, dass Sie gerne etwas dafür tun möchten. Treffen Sie eine Auswahl! Positionen, die uns nicht so wichtig sind, können wir auch als Unsicherheit stehen lassen, weil wir nicht alles können müssen und selbstbewusst mit Unsicherheiten umgehen können.

Und so geht's weiter

Markieren Sie die wichtigen Themen und überlegen Sie allein oder mit einer Kollegin, wie Sie in diesen Situationen sicherer werden könnten. Was brauchen Sie dafür? Z. B.: Unterstützung im Team, Fortbildung, mehr Erfahrungsmöglichkeiten. Machen Sie sich einen kleinen Plan.

Benutzen Sie dazu die „W-Fragen"

Was wollen Sie erreichen?
Wer kann Sie dabei unterstützen?
Wodurch?
Wobei?
Welche Gelegenheit können Sie zum Üben nutzen?
Was brauchen Sie dafür?
Wo bekommen Sie das?
Wann wollen Sie für sich die ersten Erfolge sehen oder Ihr Ziel erreicht haben?

In meinen Seminaren erlebe ich es oft, dass Teilnehmerinnen eine Situation aus ihrem Alltag schildern, die ihnen Mut abfordert, zum Beispiel ein klärendes Gespräch mit Eltern oder Kollegen führen. Und dann fragen sie: *„Ja, was kann man denn da machen? Was sind die richtigen Worte?"* Die ehrliche Antwort darauf ist: Keine Ahnung! Denn das **Rezept mit Erfolgsgarantie** gibt es leider nicht. Das ist so, wie wenn Sie mich anrufen, weil sie einen Kuchen backen wollen und ich sage Ihnen: *„Da*

musst du zwei Eier reinhauen!" Sie haben aber nur ein Ei und keine weitere Möglichkeit sich weitere Eier zu besorgen. Schon funktioniert es nicht mehr.

Ich biete Ihnen hier so eine Art **Grundrezept** mit Zutaten an, die Ihnen helfen können, mit Selbstvertrauen durch einen schwierigen Tag zu kommen.

Sie können und sollten das Rezept und die Zutaten jederzeit nach persönlichem Geschmack und den individuellen Möglichkeiten abwandeln.

Praxis

Rezept für einen Tag, der besonders viel Selbstvertrauen und Mut erfordert

Räkeln Sie sich im Bett. Lassen Sie den möglichen Tagesablauf vor Ihrem geistigen Auge ablaufen und enden Sie bei etwas, worauf Sie sich freuen.

Wenn Sie nichts finden, worauf Sie sich freuen, planen Sie etwas, z. B. ein Telefonat mit einer Freundin, eine kleine Besorgung, ein Treffen mit jemandem den Sie mögen.

Unser **äußeres Erscheinungsbild** bestimmt auch unsere innere Verfassung. Deshalb die alte Bauernregel: *„Je unsicherer du dich fühlst, desto besser solltest du aussehen."* Nicht um uns zu verstellen oder nach außen etwas vorzuspielen, sondern um uns die Chance zu geben, uns sicherer zu fühlen. Unsicherheit ist also ein Grund mehr, sich morgens die Haare zu waschen!

Nach dem Kaffee **richten Sie sich auf** und spüren Sie Ihre Größe. Heben Sie Ihre Arme Richtung Decke, strecken Sie sich. Dann lassen Sie die Arme sinken und bleiben Sie groß.

Schauen Sie sich im Spiegel in die Augen, sprechen Sie sich selbst an und **ermutigen Sie sich**. Hier ist alles erlaubt: Von *„Luise, du wirst dieses wichtige Gespräch zufriedenstellend führen!"* bis zu *„Luise, heb' jetzt den Hintern und rock' den Laden!"* Kein Satz ist zu blöde, wenn er Ihnen Kraft gibt.

Kleine Verschnaufpause in der Rezeptküche. Ich sehe, wie Sie die Stirn runzeln und sagen: *„Vielleicht ganz gute Tipps, aber das soll ich alles Morgens vor der Arbeit machen? Da muss ich ja den Wecker früher stellen!"* Richtig, müssen Sie! Etwa zehn Minuten kostet Sie das kleine Programm bis hier hin.

Praxis

Auf dem Weg zur Arbeit

- Zu Fuß: Gehen Sie aufrecht und beschwingt. Summen Sie ein kleines Liedchen, auch wenn Ihnen gar nicht danach zumute ist. Das Liedchen wirkt nach innen, kann Ihre Stimmung verändern und gibt Ihnen Kraft.
- Auf dem Fahrrad: Treten Sie ganz bewusst in die Pedale und atmen Sie kräftig dabei aus. Das baut Druck ab und bringt Sie in Schwung.
- Mit dem Auto: Hören Sie Musik. Singen Sie lautstark mit und bewegen Sie sich dazu, möglichst ohne gegen den nächsten Baum zu fahren. Das macht Sie wach, lebendig und gleichzeitig erheitern Sie Ihre Mitmenschen an der roten Ampel oder im Stau.

Kurz vor der schwierigen Situation
Vielleicht denken Sie jetzt gerne an dieses Mutmach-Buch? Es kann Sie daran erinnern, ruhig zu atmen, sich aufzurichten. Erinnern Sie sich an Ihr Ziel.

Während der schwierigen Situation

Jetzt brauchen Sie besonders viel Mut und Selbstvertrauen. Konzentrieren Sie sich voll auf die Gegenwart. Wenn Gedanken wie *„Hoffentlich sage ich das Richtige!"* kommen, rufen Sie innerlich: *„Stopp!"* und geben Sie sich die freundliche Selbstinstruktion: *„Konzentriere dich auf deinen Gesprächspartner und auf die Sache, um die es geht."*

Wenn Sie Schrecksekunden oder Blockaden haben, wechseln Sie die Körperhaltung und atmen Sie ruhig aus. **Geschafft!** Freuen Sie sich erst einmal, dass die Anspannung vorbei ist. Vielleicht erzählen Sie jemandem, wie es gelaufen ist.

Tagesende

Stellen Sie sich freundlich ein paar Fragen:

- Was ist heute gut gelaufen?
- Wo habe ich etwas Neues ausprobiert?
- Wo war ich mutig?
- Was ist mir schwergefallen?

Egal, wie Ihre Antworten dazu ausfallen, Sie haben sich dem schwierigen Tag gestellt! Und jetzt? Klopfen Sie sich auf die Schulter und sagen Sie zu sich selber: *„Du warst super!"*

Bin ich unsichtbar?

Präsenz und Ausstrahlung stärken

Beispiel

Das kann doch nicht wahr sein! Vor zehn Minuten haben Sie in der Teamsitzung einen Vorschlag gemacht und alle haben nur müde abgewinkt, desinteressiert in die Ecke geschaut oder gar nicht reagiert. Nun macht Elke fast denselben Vorschlag und auf einmal hören alle zu, sind interessiert bis begeistert und nicken Elke anerkennend zu.

„Und was meinst du dazu?", fragt Sie die Leitung.

„Ich äh, na ja, das ist eigentlich genau das, was ich vorhin meinte", antworten Sie leicht verlegen.

„Na dann ist ja gut!", sagt die Chefin munter, *„dann finden wir Elkes Vorschlag ja alle prima! Danke, Elke!"*

Ab und zu nicht wahrgenommen werden, ist kein Drama. Wenn das allerdings öfter vorkommt, lohnt es sich, ein paar Gedanken an die eigene Präsenz und Ausdrucksstärke zu verschwenden.

Tipp

Jemanden zu ignorieren, also nicht zu beachten, basiert auf dem stillschweigenden Einverständnis von mindestens zwei Personen. Eine, die bereit ist, jemanden zu ignorieren und eine, die es zulässt, ignoriert zu werden.

Präsenz – was ist das?

Präsenz brauchen wir immer dann, wenn wir uns öffentlich und auf der **professionellen Ebene** bewegen. Wenn wir jemanden von etwas überzeugen oder zu etwas bewegen wollen. Das kann bei einer Teamsitzung oder einem Elterngespräch, beim Elternabend oder einem Fest sein. Präsent sind wir, wenn wir Fachwissen und Ausstrahlung im Moment unseres Gespräches, unserer Präsentation oder Ansprache abrufen können. Dann werden wir wahrgenommen und erreichen unser Ziel.

Folgende Faktoren können Präsenz verhindern:

- schlechte Tagesform,
- Nervosität, Lampenfieber, Blockaden, Angst,
- mangelnde fachliche Vorbereitung,
- ungünstige Arbeitsbedingungen,
- sich selbst nicht beachtenswert finden,

- selbst nicht daran glauben, dass sich jemand für das eigene Thema interessiert,
- von der eigenen Aussage nicht überzeugt sein,
- sich kompliziert und langwierig ausdrücken,
- leise und undeutlich sprechen,
- sich unsichtbar fühlen.

So gruselig sich die Liste anhört, sie enthält auch eine sehr gute Nachricht. Alle Punkte sind mit Übung und **Reflexion** positiv zu verändern. Das glauben Sie nicht? Machen wir ein kleines Experiment:

Übung

Die Grundlage für die Veränderung unserer Ausstrahlung liegt in dem, was wir denken. Wenn wir an etwas denken, das uns freut, strahlen wir diese Freude auch aus. Unser Publikum weiß dabei nicht, ob wir uns freuen, weil wir am Abend mit Karl-Heinz ein Bier trinken gehen oder ob wir uns darüber freuen, dass so viele Menschen zu unserer Veranstaltung gekommen sind. Es spürt nur unsere Freude und lässt sich gerne davon anstecken.

Probieren Sie es aus:

Denken Sie an etwas, was Sie traurig macht!
Merken Sie, wie sich ihr Blick automatisch senkt, sich Körperhaltung und Atmung verändern? Und nun denken Sie an jemanden, den Sie sehr gerne mögen. Spüren Sie, wie ein kleines Lächeln entsteht, das ihre Mimik verändert? Wie leicht Wärme in Ihnen aufsteigt.

Sie merken schon, Ausstrahlung hat nichts damit zu tun, sich zu verstellen. Sie rufen lediglich Gedanken und Bilder in sich ab, die Ihnen zu einem guten Gefühl verhelfen und damit auch zu einer positiven Ausstrahlung.

Gehen wir nun die Grusel-Liste vergnügt Schritt für Schritt durch und finden Hilfestellungen.

Schlechte Tagesform

Sie fühlen sich traurig, verstimmt oder einfach nicht wohl. Das ist in Ordnung. Keiner kann verlangen, dass wir ewig gut gelaunt durchs Leben spazieren. Was wir aber auf professioneller Ebene, unabhängig von Stimmungen, von uns selbst erwarten können, ist: Interesse am Gesprächspartner, am Thema, Fachwissen abrufen können und eine grundsätzliche Freundlichkeit anderen Menschen gegenüber zeigen.

Wenn Sie sich wirklich von der schlechten Stimmung verabschieden wollen, legen Sie die Ursache für die Verstimmung innerlich in die *„für-später-Schublade"*. Die öffnen Sie, wenn die Chance besteht, die Gründe für die Verstimmung aus dem Weg zu räumen. Bis dahin nutzen Sie die kleine **„So-wechseln-wir-Stimmungen-Liste"**:

- Musik hören, die uns beschwingt,
- ein Foto ansehen, das uns Freude macht, oder ein positives inneres Bild abrufen,
- ans offene Fenster gehen tief durchatmen und an etwas Schönes denken,
- sich von Kolleginnen, die gute Stimmung haben, mitziehen lassen,
- sich voll auf ein Thema, ein Ziel, eine Situation konzentrieren,
- wenn die schlechte Stimmung oder unangenehme Gedanken kommen, innerlich *„Stopp!"* sagen und sich sofort auf etwas anderes konzentrieren.

Außerdem sollten wir akzeptieren, dass kein Tag wie der andere ist. Es gibt:

- **Sternstunden-Tage,** an denen geht alles wunderbar und wie von selbst,

- **O. K.-Tage,** an denen kommen wir gut klar, und

- **Miese Tage,** an denen geht uns alles schief. Aber auch an diesen Tagen können wir uns immerhin auf unsere Professionalität verlassen.

Nervosität, starkes Lampenfieber, Blockaden

… können unsere Präsenz und Ausstrahlung beeinträchtigen. Wobei Lampenfieber durchaus auch beflügelnd sein und uns zu mehr Ausstrahlung verhelfen kann.

Mangelnde fachliche Vorbereitung

Verkaufen Sie das Bisschen, was Sie wissen, scheibchenweise und mit großer Überzeugung! Stellen Sie viele Fragen und animieren Sie ihre Gesprächspartner zum Reden. Nehmen Sie die Situation mit Humor und verbreiten Sie gute Stimmung. Denn viel anderes haben Sie momentan nicht zu bieten. Die Situation sollte eine Ausnahme sein.

Ungünstige Arbeitsbedingungen

Machen Sie sich mit Technik, Raum und Zeitplan vertraut, bevor Sie auftreten. (Infos zu schwierigen Situationen im Team oder bei Elternabenden finden Sie auf Seite 115 ff.)

Ich finde mich selbst nicht beachtenswert.

Denken Sie bitte nach: **Sie** haben den Job bekommen, **Sie** machen die Präsentation, **Sie** sitzen in der Teamsitzung! Warum? Weil es Ihnen jemand zutraut. Wenn Sie sich selbst schon nicht respektieren, respektieren Sie bitte wenigstens das Urteilsvermögen der Menschen, die an Ihnen und Ihren Qualitäten interessiert sind. Konzentrie-

ren Sie sich auf ihr Thema, Ihre Aufgabe, Ihr Ziel. Zeigen Sie ehrliches Interesse an den anwesenden Menschen. Das reicht für eine kompetente Ausstrahlung.

Ich glaube nicht daran, dass mein Thema jemanden interessiert.

Sind Sie begeistert von Ihrem Thema? Dann finden Sie einen **„Ohröffner"**, ein aufregendes Fallbeispiel oder einen provozierenden Einstieg. Starten Sie mit einem guten Witz oder einem Zitat von einer prominenten Person, die Ihre Gesprächspartner schätzen. Welchen Nutzen haben Ihre Gesprächspartner, wenn sie sich auf Ihr Thema einlassen? Auch das ist ein guter Start. Auf keinen Fall entschuldigen Sie sich für Ihr langweiliges Thema.

Ich bin selbst nicht überzeugt von dem, was ich sage.

Wenn Sie das Thema aus beruflichen Gründen vertreten müssen, beleuchten Sie es so lange, bis Sie selbst eine klare innere Haltung dazu haben. Sie müssen nicht jedes dahergelaufene Thema das Ihnen verordnet wird mit Herzblut vertreten. Beschränken Sie sich freundlich und sachlich auf die Fakten. In diesem Fall ist Ihre Ausstrahlung Ihr Statement zum Thema, ohne dass Sie ein negatives Wort dazu geäußert haben. Überlegen Sie genau, mit

welchem Ziel Sie dieses Thema vermitteln. Ihre Ausstrahlung ist dann Distanziertheit und Klarheit.

Ich drücke mich kompliziert und langwierig aus.

Kein Problem, das können Sie üben. Lesen Sie Zeitungsartikel und geben Sie diese, je nach Länge, in drei bis fünf Sätzen wieder. Das könne Sie beim Kochen, Autofahren oder Wäsche aufhängen machen. Nutzen Sie für Gespräche und Präsentationen die **5–Punkte-Formel**:

- Interesse wecken,
- sagen, worum es geht,
- Begründung und Beispiel,
- Fazit,
- Aufforderung zum Handeln.

Suchen Sie sich ein Thema aus und üben Sie den Umgang mit der Formel. Gönnen Sie sich pro Punkt höchstens drei Sätze. Lesen Sie in den Augen Ihres Gesprächspartners. Während Sie sprechen, sehen Sie, ob jemand interessiert dabei ist oder heimlich ein Nickerchen macht. Im letzteren Fall kommen Sie natürlich schnell zum Ende und stellen eine aktivierende Frage.

Ich spreche leise und undeutlich.

Damit stehen Sie nicht allein. Aber wenn wir schon den Mund aufmachen, wäre es natürlich prima, man könnte uns auch verstehen. **Präsenz in der Stimme** hat nicht unbedingt etwas mit Lautstärke zu tun. Ihr Engagement und ihre Überzeugungskraft können auch mit einer leisen Stimme deutlich werden. Üben Sie trotzdem, mutiger mit der Stimme umzugehen. Spielen Sie bei den Kindern doch mal lautstark mit. Oder schmettern Sie beim Autofahren ihren Lieblingssong.

Wenn Sie vor einer größeren Gruppe von Menschen sprechen, schauen Sie in die letzte Reihe und sprechen Sie diese zuerst an. In der Regel passt sich die Lautstärke Ihrer Stimme dem Abstand an, den Ihr Blick überwindet. Beim deutlicher Sprechen fühlen sich viele Leute zunächst nicht authentisch und tatsächlich ist die Bemühung oft hörbar.

Üben Sie, wenn Sie den Kindern vorlesen. Sie können das Mikrofon in Ihrem Handy aktivieren und sich im Anschluss selbst überprüfen. Wenn Sie Ihre Verständlichkeit als ernstes Problem empfinden, lassen Sie sich beim Arzt ein Atem-und Sprechtraining verschreiben. Viele Krankenkassen übernehmen das.

Ich fühle mich unsichtbar.

Ich **fühle** mich unsichtbar, ist sicher die richtige Beschreibung. Denn körperlich sind Sie ja anwesend. Ob Sie allerdings jemand bewusst wahrnimmt oder auf Sie reagiert, hängt davon ab, ob Sie bereit sind, Ihre Gedanken, Gefühle, Ideen und Werte zu veröffentlichen. Wenn Sie auf der beruflichen Ebene alles für sich behalten, haben Ihre Kolleginnen und die Eltern nichts, worauf sie reagieren könnten. Und so bekommen Sie immer zu wenig Aufmerksamkeit und positive Rückmeldung und fühlen sich immer unsichtbarer. Ein Kreislauf, den nur Sie selbst durchbrechen können.

Kennen Sie die bekannte Studie *„Silent Messages"* von A. Merhabian, einem amerikanischen Sozialpsychologen? Diese Studie besagt: *„Die Wirkung auf unsere Gesprächspartner beruht zu 55% auf unserer Körpersprache, zu 38% auf dem stimmlichen Ausdruck, also dem Tonfall, und zu 7% auf dem reinen Wortlaut."* (Merhabian, 1967)

Die Mehrheit meiner Seminarteilnehmerinnen bestätigt diese Studie aufgrund Ihrer Erfahrungen. Und doch löst sie immer wieder Irritationen und Missverständnisse aus.

„Der Wortlaut nur 7 %? Dann ist es ja egal, was ich sage!"

Nein, ist es nicht! Wenn ich vor Ihnen stehe, Sie herzlich anlächle und sage: *„Guten Tag, Sie dusselige Nuss, Sie verstehen ja sowieso nicht, wovon ich spreche!"*, dann wären Sie zwar irritiert, aber Sie würden das schon wahrnehmen.

„Die Körpersprache, 55 %? Au Backe! Dann muss ich jetzt also jeden Blick und jede Körperhaltung einstudieren? Meine Mimik überprüfen und wohin mit den Händen wusste ich noch nie."

Nein, gar nichts müssen Sie einstudieren. Im Gegenteil. Unsere Körpersprache drückt aus, was wir denken und fühlen. Wir können unsere Gedanken und Gefühle zum Thema und zu unseren Gesprächspartnern überprüfen und unsere körpersprachliche Ausdrucksfähigkeit verbessern. Es wäre schön, wenn wir zulassen, dass unsere Gestik, das gesprochene Wort unterstreicht.

„Der Stimmklang/Tonfall, 38 %? Die Stimme kann man doch nicht ändern. Und meinen Ton? Wie soll ich den denn kontrollieren?"

Stimmklang und Tonfall sind streng genommen Teil der Körpersprache und unterliegen somit auch den gleichen Gesetzmäßigkeiten. Das heißt, wenn ich auf dem Gang Frau S. auf mich zukommen sehe und denke: *„Na toll, die*

Trulla hat mir gerade noch gefehlt!", drückt sich das mit ziemlicher Sicherheit auf irgendeine Art in meinem Tonfall und Lächeln aus, wenn ich Frau S. begrüße.

Wie kann uns diese Studie dann in der Praxis weiterhelfen?

Wenn meine Worte mit meiner Mimik, Gestik, Körperhaltung und meinem Tonfall übereinstimmen, dann entwickle ich die größtmögliche Ausstrahlung, Präsenz und Überzeugungskraft.

Was machst du für ein Gesicht?

Körpersprache einsetzen und verstehen

Bleiben wir doch noch ein wenig beim spannenden Thema **nonverbaler Ausdruck**, also unserer Art, uns ohne Worte miteinander zu verständigen. Ein Thema, das mich immer wieder begeistert.

Was wissen wir schon über unsere eigene Körpersprache? Wir sehen uns ja selten selbst und so sind wir auf Rückmeldungen von außen angewiesen wie: *„Du strahlst ja heute so!"*, *„Du siehst fertig aus!"* Oder dem Klassiker unter den Fragen: *„Was machst du denn für ein Gesicht?"*

Körper-Sprache? Was spricht der Körper denn aus? Unsere Gedanken, Gefühle und unsere innere Haltung zu Menschen, Dingen und Situationen. Ein Lächeln, ein Stirnrunzeln, lautes Seufzen oder eine wegwerfende Handbewegung, das alles gehört zur Körpersprache und noch viel mehr.

Kleines A – Z der Körpersprache

A Augen, Atem, Ausstrahlung, Authentizität

Ä äußeres Erscheinungsbild

B Blicke, Beweglichkeit, Blockade

C Charisma, Charme

D Distanzzonen, Dominanz

E Energie, Ernsthaftigkeit

F Frosch im Hals, fester Stand, Fußhaltung

G Gang, Gestik, Geruch, Gefühl, Gewicht

H Haltung, Hand schütteln, Herz zeigen, Humor

I Impulse, innere Haltung

J Jammerton

K Kleidung, Kopfhaltung, Körperspannung, Kraft

L Lächeln, lachen, Lautstärke

M Mimik

N Nervosität, nicken

O Offenheit

P Pausen, Positionierung im Raum, Pokerface

Q Querkopf

R Reden, Ruhe, rot werden, Reflexe

S Stimmklang, seufzen, schwitzen

T Tonfall, Territorium, Tränen, Tagesform

U Unterwürfigkeit, Unterspannung

Ü Überspannung

V Vegetatives Nervensystem

W Weinen, wie berühre ich Personen?

XY vielleicht fällt Ihnen etwas dazu ein?

Z Zappeln, Zeigefinger, Zartheit

Unser **nonverbaler Ausdruck** erzählt etwas über unsere **Persönlichkeit**. Der Körper spricht immer. Noch bevor ein Wort gefallen ist, haben wir einen Eindruck von unserem Gesprächspartner. Ist Ihnen eigentlich bewusst, wie stark Sie im Kindergarten mit Körpersprache arbeiten?

Beispiel

Petra, eine Erzieherin, und ich unterhalten uns entspannt über ein zukünftiges Projekt. Im Hintergrund zanken sich ein paar Jungen um ein Spielzeug. Erst harmlos, dann verschärft sich der Ton, es kommt hörbar zu kleinen Rangeleien, das erste Schimpfwort fällt.

Und was macht die gerade noch entspannte Petra? Sie richtet sich zu voller Größe auf, dreht sich sehr ruhig und gespannt zu den Jungen um. Sie sagt kein Wort, schaut nur und plötzlich wird es still. Die Jungen sehen wie die Unschuldslämmer an die Decke, bis Petra sich mir wieder zuwendet. Jetzt ist leises Getuschel zu hören und die Kinder trollen sich aus dem Raum.

Petra wechselt wieder die Körperspannung und führt unser Gespräch entspannt weiter.

Meisterhaft! Ein Paradebeispiel für den gelungenen Einsatz von Körpersprache.

Wussten Sie eigentlich, dass **Körpersprache** nicht nur nach außen, also auf andere Menschen, wirkt, sondern eine nachhaltige Wirkung auf unsere eigenen Gefühle hat?

Übung

Stellen Sie sich vor, es ist kurz vor Feierabend und Sie sehen von ferne Frau XY Senior anrauschen, die anstrengendste Oma unter der Sonne. Ein kleiner Seufzer entschlüpft Ihrem ansonsten super disziplinierten Mund und Sie sacken ein wenig in der Körpermitte zusammen. Versuchen Sie einmal aus dieser Haltung heraus zu denken: *„Mit Oma XY werde ich alles prima hinkriegen."* Geht das? In der Regel nicht.

Nun richten Sie sich zu voller Größe auf, stehen mit beiden Füßen gut verwurzelt auf dem Boden. Denken Sie jetzt: *„Ich bin ein Loser. Oma XY wird mich mit ihrem Geblubber überrennen."* Auch das dürfte Ihnen schwerfallen.

Was bedeutet das für unsere Praxis?

Vielleicht kennen Sie den Satz „*Fake it until you make it*". Das bedeutet „*Tu' als ob, bis du es tun kannst.*" Ich könnte mir vorstellen, dass Sie nun denken: „*Da verstelle ich mich ja, damit täusche ich andere Menschen.*" Das ist nicht die Idee. Der Gedanke ist, die äußere Haltung zu verändern, um so auf die innere Haltung einzuwirken.

Buchtipp

Richard Wiseman: Machen, statt denken! Fischer, 2013

Übung

Legen Sie eine Körpersprache-Woche ein. Beobachten Sie, wann und wie Sie körpersprachlich agieren. Versuchen Sie Ihre Stimmung, Ihren Gefühlszustand, durch Veränderung von Haltung, Mimik und Gestik zu verändern. Wenn Sie jemanden von einer Idee überzeugen wollen, können Sie Folgendes ausprobieren:

Richten Sie sich zuerst auf, sehen Sie ihrem Gegenüber in die Augen und dann erst sprechen Sie.

Wenn Sie nicht wahrgenommen werden, vergrößern Sie sich, z. B. durch Aufstehen, etwas mehr Lautstärke in der Stimme oder indem Sie Ihren Gesprächspartner mit Namen ansprechen.

Geben Sie nicht auf, bevor Sie nicht eine klare Reaktion auf Ihren Vorschlag bekommen haben.

Wie Sie Ihre körpersprachlichen Fähigkeiten in anderen Situationen nutzen können, entdecken Sie sicher auch in den folgenden Kapiteln.

Mich kann jeder vom Platz fegen!

Der kraftvolle Umgang mit Angriffen

Ein sonniger Tag, wir rechnen mit nichts Bösem.

Plötzlich verdunkelt sich der Himmel, Wind kommt auf, es blitzt, ein Knall, und schon befinden wir uns im Zentrum des Gewitters. Im günstigen Fall wissen wir uns zu schützen. Im übertragenen Sinn können wir dasselbe in unserem beruflichen Alltag erleben.

Beispiel

Es ist Dienstag, 15.45 Uhr. Personaltoilette.

Katie, Erzieherin, seit fünf Jahren im Beruf, sieht mit Tränen in den Augen in den Spiegel. *„Darf der so mit mir reden?"*, fragt sie sich und schüttelt immer wieder fassungslos den Kopf.

„Nein, darf er nicht, Katie!", rufen wir, ohne zu wissen, um was es geht, als Mutmacher mal kurz in die Szene hinein, *„niemand, darf so mit Ihnen reden, dass Sie fast weinen!"*

Aber was ist passiert? Rückblende:

15.30 Uhr, Herr Martin, Vater des fünfjährigen Timo, stürmt in den Kindergarten, direkt auf Katie zu, die gerade einem Kind den Anorak zumacht und völlig überrumpelt ist. Zögernd richtet Katie sich auf. Herr Martin baut sich frontal vor ihr auf und blafft sie an: *„Was ist hier eigentlich los? Timo hat gestern auf dem Weg nach Hause schon geweint, weil dieser andere Bursche ihn immer schubst. Nun komme ich zum Ab- holen und da raufen die beiden draußen schon wie- der miteinander und Sie stehen hier rum und sehen das ja noch nicht mal. Machen Sie hier eigentlich noch was anderes außer Spielen und Kaffeetrinken?"*

Herr Martin ist sehr groß und muskulös. Katie eher klein und schmal, steht vor ihm, wie das Kaninchen vor der Schlange. Sie schnappt nach Luft, schaut zu ihm auf, versucht sich zu rechtfertigen, stottert. Katies Ton ist hilflos und sie weicht einen Schritt zurück.

Herr Martin rückt nach und packt sie am Oberarm. *„Sorgen Sie gefälligst dafür, dass das aufhört. Sonst schnappe ich mir diesen Burschen mal selber und ma- che ihm auf meine Weise klar, dass er meinen Sohn in Ruhe lässt!"* Mit einem kernigen *„Das ist ja wohl das Letzte hier!"*, verschwindet Herr Martin.

Katie flüchtet auf die Personaltoilette.

Uff! Erstmal durchatmen.

„Gibt's doch gar nicht!", denken Sie? Doch! Das ist nur eines von vielen realen Praxisbeispielen aus meinen Seminaren.

Was tun? Achtung! Alles auf Anfang! Zweiter Versuch.

15.30 Uhr, Herr Martin, Vater des fünfjährigen Timo stürmt in den Kindergarten, direkt auf Katie zu, die gerade einem Kind den Anorak zumacht. Sie richtet sich auf und guckt Herrn Martin an. Der baut sich frontal vor ihr auf.

Katie geht sofort mit einem kleinen Schritt zur Seite, aus der Schusslinie, sodass sein Angriff an ihr vorbei fliegen kann und er ihr mit den Augen folgen muss.

Herr Martin blafft sie an: *„Was ist hier eigentlich los? Timo hat gestern auf dem Weg nach Hause schon geweint, weil dieser andere Bursche ihn immer schubst. Nun komme ich zum Abholen und da raufen die beiden draußen schon wieder miteinander und Sie stehen hier rum und sehen das ja noch nicht mal. Machen Sie hier eigentlich noch was anderes außer Spielen und Kaffeetrinken?"*

Katie lässt ihn aussprechen. Dabei versucht sie, durch **ruhiges Atmen** ihren Schrecken in den Griff zu bekommen. **Sie bleibt im Blick und vergrößert gleichzeitig den Abstand zu Herrn Martin.** Statt sich zu rechtfertigen, hört sie ihm zu und atmet dabei ruhig ein und aus. **Sie wartet, bis er sich ausgetobt hat.** Dann spricht sie ihn in **ruhigem aber bestimmten Ton mit Namen** an: *„Herr Martin! Gut, dass Sie mir sagen, dass Timo gestern geweint hat, heute Morgen war er nämlich putzmunter. Wir können gerne in Ruhe über die Situation sprechen, aber nicht jetzt und nicht hier vor den Kindern!"*

Herr Martin fühlt sich nicht zufriedengestellt und macht einen Schritt auf Katie zu.

„Moment!" Katie macht eine entschlossene „Stopp-Geste", bevor Herr Martin sie am Arm packen kann. Katie: *„Herr Martin, für die Entwicklung von Timo ist es wichtig, dass er solche Situationen auch mal allein durchsteht! Wir können gerne ein Gespräch vereinbaren, vielleicht will ja auch die Mutter von Timo dabei sein? Wann haben Sie Zeit?"*

Herr Martin schnaubt noch ein paar Mal wütend, dann vereinbaren sie einen Termin und er geht. Katie atmet einmal tief durch, denkt: *„Gut gemacht, Katie!"* Sie hat Zeit gewonnen und kann sich nun auf das anstehende Elterngespräch vorbereiten.

„*Jaja*", sagen Sie nun vielleicht. Papier ist geduldig, das muss einem ja erstmal einfallen, so zu reagieren. Und da haben Sie natürlich vollkommen recht. **Bewusst und zielgerichtet handeln** können wir erst, wenn wir wissen, wie wir die **Schrecksekunde auflösen** können und welche **Handlungsmöglichkeiten** wir haben. Solange wir in der Blockade sind, fällt uns nichts ein.

Dass wir in so einer überraschenden Situation erschrecken, ist normal. Wir fühlen uns überrumpelt und angegriffen. Darauf reagieren wir reflexartig. Das heißt, unser Körper versorgt uns blitzschnell mit Adrenalin, um angreifen oder flüchten zu können. Da wir beides nicht tun, kann es passieren, dass wir wie gelähmt stehen bleiben, dem Anderen das Feld überlassen und im Anschluss mit einer gefühlten Niederlage vom Platz gehen. Tatsächlich gibt es aber viele Möglichkeiten zu reagieren. Ob unser Verhalten dann richtig oder falsch ist, hängt von unserem Ziel und der Situation ab. Was könnte Katie alles tun?

Sie könnte

- zurückblaffen,
- sich rechtfertigen,
- um einen anderen Ton bitten oder einen anderen Ton fordern,
- sich klein machen, in der Hoffnung, nicht soviel Angriffsfläche zu bieten,
- wortlos weggehen und Herrn Martin stehen lassen,

● Herrn Martin bitten, mit in einen anderen Raum zu kommen, um miteinander zu sprechen.

Kurzum, Katie kann alles tun, was sie der Situation angemessen empfindet. Entscheidend ist, dass sie **professionell, selbstbestimmt agiert** und nicht nur reagiert; dass sie die Situation unter Kontrolle bekommt und den weiteren Verlauf des Gespräches bestimmt. Ein mögliches Ziel, das Katies Verhalten bestimmt, könnte sein, sachlich und pädagogisch zu argumentieren, ohne die Beziehung zu Herrn Martin zu beschädigen.

Tipp

Was geht Ihnen durch den Kopf, wenn Sie das Wort **Angriff** hören? Denken Sie an Zurückschlagen, sich wehren, standhalten, davon laufen? Dies sind natürlich alles Handlungsmöglichkeiten.

Ich denke zuerst an: **Sich schützen können**. Denn das ist die Handlung, die wir selber kontrollieren können. Dass mich jemand angreift, kann ich oft nicht verhindern. Was ich verhindern kann, ist, dass mich jemand bei dem Angriff trifft oder verletzt.

Kleines Fragenkarussell zum Thema Angriffe

Bedeuten Ihnen alle Menschen, mit denen Sie zu tun haben gleich viel?

- Ist Ihnen grundsätzlich wichtig, was andere von Ihnen denken, egal welche Werte sie haben und wie nahe sie Ihnen stehen?
- Denken Sie bei jedem Angriff: Da wird schon was dran sein?
- Beschäftigen Sie Angriffe auf der beruflichen Ebene so sehr, dass Sie sie mit nach Hause nehmen und nachts deshalb nicht schlafen können?
- Unterscheiden Sie zwischen beruflicher und privater Ebene?

Wenn Sie die ersten vier Punkte mit Ja beantwortet haben, müssten Sie beim fünften Punkt nein ankreuzen. Denn dann unterscheiden Sie die **berufliche Ebene** nicht von der **privaten Ebene**. Und genau das ist der Knackpunkt.

Überlegen Sie: Welche Menschen sind Ihnen besonders wichtig, weil Sie sie lieben, weil sie die gleichen Werte vertreten wie Sie, weil Sie eine dicke Freundschaft miteinander verbindet, weil sie vielleicht ein Vorbild für Sie sind und weil Sie großen Respekt vor deren Lebenshaltung oder Leistung haben?

Dieser meistens eher kleinen Auswahl von Menschen begegnen wir mit weit offenem ungeschützten Herzen.

Und dieser kleinen Auswahl von Menschen sollte es vorbehalten sein, uns durch einen Angriff oder (ungerechtfertigte) Kritik mitten ins Herz treffen zu können. Da nehmen wir, wenn auch ungern, Verletzungen in Kauf. Denn es sind unsere Liebsten und damit befinden wir uns auf der **privaten Ebene**.

Auf der **professionellen Ebene** schützen wir uns, grenzen wir uns ab. Gestatten Sie niemandem, der nicht Ihr volles Vertrauen genießt, den ungehinderten Zugang zu Ihrem Herzen! Was hat der denn da zu suchen? Es kann doch nicht sein, dass irgendeine Mutter, die Sie wegen einer

nicht angezogenen Matschhose von der Seite anblafft, dieselbe emotionale Reaktion auslöst, wie der Ehestreit mit dem Mann Ihres Lebens. Das ist zu viel der Ehre.

Tipp

Schützen Sie Ihr Herz! Lassen Sie ein Gitterchen herunter, an dem alles, was nicht in Ihr Herz gehört, abprallt.

Sie bleiben trotzdem ein mitfühlender Mensch!

Aber nicht alles Elend dieser Welt, nicht jeder Angriff eines schlechtgelaunten Zeitgenossen kann Sie aus der Bahn werfen. Bei Ärzten, Krankenschwestern und Therapeuten gehört es zur Ausbildung, sich abgrenzen zu lernen. Aus gutem Grunde. Die wenigsten Patienten wünschen sich einen Arzt, der bei der Verkündung einer schlechten Diagnose in Tränen ausbricht. Nach meiner Erfahrung kommt das Thema Abgrenzung in der Ausbildung für Erzieherinnen leider nicht vor. Dabei liegt es doch auf der Hand, dass es gerade in der Kita, wie überall, wenn es um Schutzbedürftige und Kinder geht, hochemotional zugeht.

So lassen Sie ihr Gitterchen herunter

(Suchen Sie sich nur das heraus, was Sie der Situation angemessen empfinden und was zu Ihrer Person passt.)

Mentale Hilfen

- **Machen Sie sich den Unterschied zwischen der professionellen und der privaten Ebene bewusst.** Dazu gehört auch das Verhältnis zu den Kolleginnen. Was verbindet Sie? Eine reine kollegiale Arbeitsebene? Eine Arbeitsfreundschaft? Eine private Freundschaft? Eine gepflegte Feindschaft? Wie viel Privates wollen Sie von sich preisgeben?

- Übernehmen Sie Verantwortung für Ihr Herz. Natürlich würden alle möglichen Leute, bei dem Versuch, ihre eigenen Ziele zu verfolgen, unbesorgt einen Trampelpfad in ihrem Herzen hinterlassen. Kommt gar nicht infrage! Machen Sie dicht!

- **Lernen Sie, sich von der Meinung anderer Menschen unabhängiger zu machen.** Wie wichtig ist es für Ihr Leben, was Frau YX von Ihnen denkt? Abgesehen davon, Sie haben doch auch nicht alle lieb. Everybody's Darling ist in der Regel der Spielball der Menschen, denen es egal ist, was andere von ihnen denken.

- **Bleiben Sie cool!** Wenn Sie sich keiner Schuld bewusst sind, kalkulieren Sie ein, dass es gar nicht um Sie als Person oder die angesprochene Sache geht. Leute haben Geldsorgen, mies geschlafen, Stress in der Arbeit und ein schlechtes Gewissen, wenn sie ihre Kinder vernachlässigen. Sie lassen da ihre Frustrationen aus, wo es am erfolgversprechendsten ist. Machen Sie ihnen einen Strich durch die Rechnung, indem Sie so sachlich wie möglich bleiben.

- **Besinnen Sie sich auf Ihre pädagogische Kompetenz.** Eltern sind Eltern und keine Pädagogen. Wir haben auch alle Geld in der Tasche und sind trotzdem keine Banker. Sie sind die Fachfrau!

- **Sehen Sie sich die Situation an, wie im Zoo. Sie** stehen **vor** dem Käfig und können jederzeit gehen.

- **Keine Angst vor Fehlern!** Momentan benehmen nicht Sie sich merkwürdig, sondern der andere. Was kann Ihnen passieren?

Emotionale Hilfen

- **Akzeptieren Sie, dass Sie ein ungutes Gefühl haben.** Das halten Sie aus, denn dieser unglückliche Auftritt eines Elternteils, der Kollegin oder des Trägers ist genau genommen nur ein Wimpernschlag im Verlauf Ihres etwa hundertjährigen Daseins.

- **Keine Angst vor starken Gefühlen!** Wenn wir aus heiterem Himmel angegriffen werden, schlagen die Gefühle Kapriolen. Überraschung, Angst Wut, Verachtung, zeigen uns, wie engagiert und lebendig wir sind. Vertrauen Sie sich und Ihrem Umgang mit Ihren Gefühlen. Nehmen Sie Ihre Gefühle wahr und atmen Sie durch. Sie selbst entscheiden, wieviel Gefühl Sie Ihrem Gesprächspartner zeigen wollen. Wir können Gefühle wechseln, ohne uns zu verstellen.

Tipp

Es gibt keine falschen Gefühle. Alles, was wir empfinden, hat seine Berechtigung. Wir müssen uns aber einem Gefühl nicht ausliefern. Durch **innere Bilder** können wir andere **Gefühle abrufen**. Dadurch können wir von einem Gefühl ins andere wechseln, ohne uns zu verstellen.

Übung

Denken Sie an etwas, das Sie richtig ärgerlich macht. Runzeln Sie die Stirn, sehen Sie die Situation bildlich vor sich und steigern Sie sich einen Moment hinein, vielleicht pressen Sie in so einem Moment sogar die Lippen aufeinander? Nun entspannen Sie sich. Denken Sie an etwas, vorauf Sie sich freuen. Spüren Sie, wie ein kleines Lächeln entsteht? Beide Gefühle sind echt.

Körperliche Hilfen

- **Lösen Sie die Schrecksekunde auf**, indem Sie sich bewegen und ruhig ein- und ausatmen. Wenn Sie in der körperlichen Blockade bleiben, blockiert Ihr Gehirn, als Teil Ihres Körpers, ebenfalls.

- **Atmen Sie aus.** Sprechen Sie nicht auf dem angehaltenen Atem. Schlucken Sie, um Ihre Stimme zu lockern. Sicher kennen Sie den Satz: *„Da musste ich erst mal schlucken."* Er hat seine Berechtigung.

- **Verändern Sie Ihre Position**. Wenn Ihnen Ihr unangenehmer Gesprächspartner frontal gegenüber steht, stellen Sie sich eher seitlich zu ihm. So lassen Sie den Angriff bildlich an sich vorbei fliegen und

zwingen gleichzeitig den Angreifer, Ihnen mit den Augen zu folgen.

- **Richten Sie sich zu voller Größe auf**. Diese Haltung wirkt nicht nur auf Ihr Gegenüber, sondern auch auf Ihr eigenes Gefühl. Sie fühlen sich stärker. Außerdem können Sie in der aufgerichteten Haltung besser atmen. Dadurch klingt Ihre Stimme souveräner.

- **Schaffen Sie Abstand!** Der Abstand zwischen Ihnen und Ihrem Gesprächspartner sollte etwa zwei Armlängen betragen.

- **Wenn Sie deeskalieren wollen,** machen Sie sich bewusst kleiner, legen den Kopf zur Seite und signalisieren so dem Gegenüber: *„Ich will dir nichts Böses."*

Handlungsmöglichkeiten

- **Gewinnen Sie Zeit.** Sie müssen nie sofort reagieren (es sei denn, jemand greift Sie körperlich an). Lassen Sie den Anderen reden, sorgen Sie für den richtigen Abstand und beruhigen Sie sich durch gleichmäßiges Ein- und Ausatmen. Benutzen Sie die Formel aus dem Tauchsport: *„Stoppen! Atmen! Denken!"* Wenn ein Taucher unter Wasser in Gefahr kommt, sollte er möglichst nicht in Panik geraten und dadurch seinen Sauerstoff unnütz verbrauchen. Dabei hilft die Formel: *„Stoppen!"* (Innehalten, nichts tun), *„Atmen!"* (Atmen

Sie vor allem ruhig und lange aus), *„Denken!"*
(Lösungen finden). Wenn wir das in schwierigen
Situationen abrufen können, kommen wir zu emotional
intelligenten Reaktionen.

- **Arbeiten Sie mit sogenannten Selbstinstruktionen**.
  Sagen Sie sich innerlich z. B. *„Ganz ruhig, Maria! Ruhig
  bleiben!"* Es sei denn, Sie finden es angemessen,
  „Dampf abzulassen", dann raus damit!

- **Stehen Sie zu Ihren Fehlern und dann weg damit**.
  Wenn Sie wirklich einen Fehler gemacht haben,
  entschuldigen Sie sich und machen Sie ein Angebot,
  wie Sie die Sache in Ordnung bringen. Danach
  denken Sie möglichst nicht noch die nächsten zehn
  Jahre über diesen Fehler nach.

- **Rechtfertigungen haben keinen Sinn!** Sie machen
  uns unnötig klein. Meistens beginnen sie mit *„ja,
  aber …"* und bringen den anderen noch mehr in
  Rage. Wenn die ungute Situation auf einem
  Missverständnis beruht, geben Sie eine sachliche
  Erklärung, wenn Ihr Gesprächspartner daran
  interessiert ist.

- **Setzen Sie verbal und nonverbal Grenzen**, wenn Sie
  jemand persönlich angreift. Richten Sie sich auf,
  schauen Sie Ihrem Gesprächspartner in die Augen und
  sprechen Sie ihn mit Namen an. Vielleicht haben Sie
  ein paar Sätze im Repertoire, die Sie im Notfall

abrufen können, z. B. „*Frau XY, die Art und Weise, wie Sie mit mir sprechen, verletzt mich, auf dieser Ebene werde ich das Gespräch nicht fortsetzen!*"

Tipp

Versuchen Sie bei Angriffen so schnell wie möglich die **Kontrolle über die Situation** zurückzugewinnen.

Steigen Sie nicht in den Ring. Bleiben Sie auf der **professionellen Ebene**. Eltern und Kolleginnen müssen Sie nicht lieb haben.

Verschaffen Sie sich Respekt. Sie sind nicht die Leibeigene der Eltern. Argumentieren und begründen Sie Ihre Handlungen aus **pädagogischer Sicht**.

Und wenn uns doch mal jemand vom Platz fegt?

Man kann sämtliche Techniken dieser Erde beherrschen und trotzdem kann es einem passieren, dass man überrumpelt wird, die Tagesform schwach ist oder jemand gezielt antritt, um einem eine zu verpassen. Das kann bei der Arbeit sein, im Team, von den Eltern, beim Autofahren, Einkaufen oder auf dem Schulelternabend der eigenen Kinder. Was dann?

Dann geben Sie dem Vorfall innerlich einen aussagekräftigen Titel, je nach Situation geben Sie diesen auch Ihrer Umwelt zum Besten. Atmen Sie tief durch, richten Sie sich auf, heben Sie das Kinn, gönnen Sie sich den Gedanken, dass Sie der einzige normale Mensch auf dieser durchgeknallten Welt sind und weiter geht's. Die Kinder machen uns das wunderbar vor. Sie kriegen einen ab, heulen, jemand fragt sie, ob sie mitmachen und dann heißt es: *„Neues Spiel neues Glück"*.

Wofür halten die mich denn?

Als pädagogische Autorität ernst genommen werden

> **Beispiel**
>
> *„Sag' mal, wo arbeitest du eigentlich?"*, fragt die kleine Mira.
> Yvonne, ihre Erzieherin lacht. *„Na hier"*, sagt sie, *„hier im Kindergarten, bei euch."*

Diese Frage ist eines der schönsten Komplimente, das ein Kind seiner Erzieherin machen kann. Denn offensichtlich macht sie ihren Job mit soviel Freude und Leichtigkeit, dass den Kindern der Begriff Arbeit dazu gar nicht in den Sinn kommt.

Was machen die eigentlich den ganzen Tag?

Aber, auch wenn sich das Image der Erzieherin von der Kindergartentante zur pädagogischen Fachkraft gewan-

delt hat, wissen doch viele Menschen nicht genau, was eine Erzieherin eigentlich den ganzen Tag tut. Das Wissen über den Beruf der Erzieherin, vor allem bei Leuten, die keine Kinder im Kindergarten haben, schwankt zwischen *„Die passen auf die Kinder auf."*, bis zu *„Keine Ahnung!"* Die Tatsache, dass die Arbeit mit Kindergartenkindern in unserem Land nicht gerade überwältigende gesellschaftliche Anerkennung erfährt, macht es besonders wichtig, den Sinn und die Herausforderungen des Berufes auch in der Öffentlichkeit zu vertreten.

Die Arbeit im Verborgenen

Leider ist die mangelnde Anerkennung der Arbeit in sozialen Berufen oft hausgemacht. Schon lange arbeite ich mit Menschen aus den verschiedensten Berufen zusammen. Und bei aller Individualität der einzelnen Personen zeigt jede Berufsgruppe spezielle Eigenarten im Auftreten.

Die meisten Menschen in sozialen Berufen zeichnen sich durch **Kommunikationsfähigkeit, Empathie und Intuition** aus. Tolle Fähigkeiten, die die Welt wirklich braucht.

Gleichzeitig ist aber auch **mangelnde Konfliktfähigkeit**, **wenig Bereitschaft Führung zu übernehmen** und Verständnis für andere bis zu **Selbstaufgabe** spürbar. Was die Präsentation der persönlichen Arbeitsleistung anbelangt, so habe ich bis jetzt keine Berufsgruppe kennenge-

lernt, in der so viele Menschen Widerwillen zeigen, im Mittelpunkt zu stehen, bzw. den Wunsch haben, im Team zu verschwinden. Ausnahmen bestätigen die Regel.

Tipp

Tu' Gutes und sprich darüber!

Es reicht nicht, dass Sie wissen, was Sie wissen.

Ihre Fachkompetenz wird für andere erst an der Art sichtbar, wie Sie auftreten und Ihre Beobachtungen, ihre Meinung und ihre Werte ausdrücken.

Das können Sie für mehr Anerkennung tun

- Die Eltern sind ja in der Regel nicht dabei, wenn Sie mit den Kindern arbeiten, im günstigen Fall bemerken sie die Resultate. Präsentieren Sie also Ihre Pläne und die Ergebnisse Ihrer Arbeit deutlich und selbstbewusst.
- Benutzen Sie eine Sprache, die alle verstehen können. Aber scheuen Sie sich nicht, auch mal Fachbegriffe zu benutzen, die Sie dann für die Anwesenden übersetzen.

- Wenn Sie Eltern duzen oder mit ihnen befreundet sind, ist es manchmal notwendig, Ihre Rolle deutlich zu machen. Sie sind nicht die nette Freundin, die auch mal einen Blick auf das Kind geworfen hat. Argumentieren Sie in Ihrer Rolle als Erzieherin und aus pädagogischer Sicht.
- Gestalten Sie Elternabende oder Feste so, dass man hinterher gerne darüber spricht. Gewinnen Sie die Presse, wenn Sie spektakuläre Aktionen machen.
- Bitten Sie nach Elternabenden um ein Feedback. Das können Sie in Form eines kleinen anonymen Fragebogens, den die Eltern beim Rausgehen in eine Box werfen, organisieren.

Hier können Sie etwas für mehr Anerkennung tun: Bei Elternabenden, im Elterngespräch, beim Tür-und Angelgespräch, bei Verhandlungen mit Gremien und Gesprächen mit dem Träger, bei Festen, am Tag der offenen Tür, auf Ihrer Internetseite oder wann immer Sie und der Kindergarten im Interesse der Öffentlichkeit stehen.

„Na klar, machen wir doch alles!", denken Sie nun vielleicht. Stimmt und stimmt wiederum nicht.

Denn gleichzeitig höre ich in meinen Seminaren die folgenden Aussagen:

„Ja, aber wenn da so ein Akademiker-Vater kommt, der kann doch viel besser reden als ich, das schüchtert mich schon ein!"

„Unsere Eltern sind so anspruchsvoll, da fühle ich mich immer ungenügend."

„Ja, den Lehrern hören Eltern zu, aber uns nimmt doch keiner ernst."

Respekt vor soviel Ehrlichkeit! Weil ich die Befürchtungen oder Verletzungen, die hinter diesen Sätzen stecken, ernst nehme, fühle ich mich verpflichtet Klartext zu reden. Solange wir uns selbst die Anerkennung unserer Arbeit verweigern, werden wir sie auch von anderen nicht bekommen. Solange wir uns selbst nicht akzeptieren, stimmen wir insgeheim jedem zu, der uns ignoriert. Was tun?

Wenn Sie im Umgang mit Autoritäten Ihr Selbstvertrauen verlieren, lohnt es sich, erstmal den Blick auf sich selbst zu richten:

Vielleicht erinnert Sie die Situation mit der Person, die Sie als Autorität empfinden an vergleichbare, unangenehme Momente in der Familie oder Schulzeit? Weg damit! Heute sind Sie erwachsen, machen Ihren Job und sorgen selbst für sich. Warum sollten Sie sich klein fühlen? Die Welt ist für uns alle da! Richten Sie sich auf und behandeln Sie sich selber mit Respekt!

Perspektiv-Wechsel helfen

Was halten Sie davon, Ihre Perspektive auf die Autoritäts-person zu ändern? Könte es sein, dass Ihr Gesprächs-partner gar nicht auf die Idee kommt, dass Sie ihn oder sie als Autorität empfinden? Folgende Aussagen von Erzieherinnen lassen das vermuten:

„Ich fühle mich immer klein bei dieser Mutter. Die kommt im Kostümchen und ich stehe in meiner alten Jeans und dem T-Shirt da!"

Schon mal auf die Idee gekommen, dass beides Arbeits-kleidung ist und die Mutter sich das Kostüm zu Hause wahrscheinlich sofort vom Leib reißt, um in die gemütli-che Jeans zu schlüpfen?

Und selbst wenn sie eine private Vorliebe für Kostüm und High Heels hat, möchten wir selbst nach unserer Kleidung beurteilt werden? Es lohnt sich immer, seine **Vorurteile** kennenzulernen. Wir können sie auch ruhig behalten, aber es ist gut zu wissen, dass wir sie haben.

„Der Vater ist irgendwas Gehobenes und dann spricht der auch noch so Hochdeutsch, irgendwie arrogant, da traue ich mich kaum, den Mund aufzumachen."

In einer Gegend, in der konsequent Dialekt gesprochen wird, als einziger Hochdeutsch zu sprechen ist kein Ver-gnügen. Man hat es schwerer als andere, eine Beziehung zum Gesprächspartner herzustellen. Man spürt die eigene

Fremdheit. Stehen Sie zu Ihrem Dialekt, den Sie sicher so sprechen, dass ihn auch ein Nichteinheimischer verstehen kann. Wenn Sie im Zweifel sind, fragen Sie nach, ob der Vater Sie versteht. Meistens endet das mit einem Lachen und Ihre Sorge löst sich auf.

Vielleicht haben Sie es mit „Scheinriesen" zu tun?

Wir müssen Menschen nicht kleiner machen oder abwerten, weil wir Angst vor ihnen haben. Wenn Sie aber übergroßen Respekt vor Autoritäten haben, schrumpfen Sie die Person, nur für sich selbst, von Überlebensgröße auf Lebensgröße.

So können Sie die Person, die vielleicht gar nicht weiß, dass Sie sie als Autorität empfinden, für sich entzaubern

- Denken Sie daran, dass auch Menschen in hohen Positionen mal klein angefangen haben.
- Messen Sie Menschen an dem, was sie tun, statt an dem, was sie sind.
- Wenn Ihnen der Vergleich hilft, stellen Sie sich vor, dass Ihr Gesprächspartner sich genauso mit Alltagsproblemen herumschlägt, wie Sie: Eheprobleme, die Haare fallen aus, das Konto ist überzogen …

- Der Bürgermeister, mit dem Sie als Leitung verhandeln, ist bei allem Respekt, der Angestellte seiner Wähler und wird auch von Ihren Steuergeldern bezahlt. Er übt ein Amt aus, das er auch wieder verlieren kann. Es wäre also sinnvoll für ihn, mit Ihnen zu kooperieren.
- Der Pfarrer, als Träger Ihrer Einrichtung, hat neben dem Chef ganz oben, auch noch einen realen, dem er Rechenschaft schuldig ist. Ähnlich wie Sie, muss auch er viele Rollen gleichzeitig ausfüllen. Nicht jede davon liegt ihm gleich gut. Vielleicht braucht er Ihre Hilfe?
- Der Arzt, der sich so gewählt ausdrücken kann, wäre vielleicht viel lieber Chefarzt als Oberarzt, wird aber den Job möglicherweise nie bekommen.

Langer Rede kurzer Sinn – alle kochen nur mit Wasser.

Sicher gibt es auch Personen, die es mögen, wenn wir sie zur Autorität erheben. Die gerne deutlich machen, hier ist nur einer der Boss und das bist definitiv nicht *Du*! Nicht schön, aber so etwas kann nur funktionieren, wenn Sie mitspielen!

Müssen Sie nicht! Machen Sie in diesem Fall Ihr schönstes Pokerface, atmen Sie ruhig durch und reagieren Sie sparsam auf eitle Selbstdarstellung und Dominanz.

Auch der schrägste Pfau hat das Recht, in unserem menschlichen Zoo sein Rad zu schlagen. Sie müssen ihm weder applaudieren noch sich vergleichen. Machen Sie Ihren Job, indem Sie die Unterhaltung immer wieder auf die Sachebene zurückführen. Benutzen Sie gegebenenfalls mehr Fachsprache.

Behalten Sie sich eine Art von kindlichem Interesse, zu beobachten, welche exotischen Exemplare unsere schöne bunte Arbeitswelt bevölkern.

> „Versuche niemals jemanden so zu machen, wie du selbst bist. Du solltest wissen, dass einer von deiner Sorte genug ist."
> (R. W. Emerson, 1803 – 1882)

Huch! Und wir dachten gerade, wie viel einfacher das Leben wäre, wenn alle so ticken würden wie wir.
Mr. Emerson als Sorte gibt's leider gar nicht mehr. Er ist 1882 von uns gegangen.

Übrigens:

Menschen dürfen Ansprüche stellen. Nur weil wir selber das vielleicht nicht in dieser Art und Weise tun würden, ist das noch lange nicht verboten. Wie oft höre ich empörte Berichte, beängstigend nah an der Hyperventilation, wie:

„Ja (schnauf), da fragen die doch tatsächlich (schnauf, schnauf), warum die Kinder bei uns nicht schwimmen lernen können!" oder *„Die Mama vom Peter will doch tatsächlich, dass er nicht mit in den Wald geht, weil er Angst hat! Und einer von uns soll dann mit ihm im Haus bleiben. Wie soll denn das gehen?"*

Keine Ahnung, die Mutter weiß es sicher auch nicht und wahrscheinlich geht es auch gar nicht. Aber fragen ist doch kein Verbrechen, oder? Auch die Wünsche sind doch nicht jenseits von Gut und Böse? Der Ball liegt allerdings nun in Ihrem Feld und ich glaube, genau das löst die Empörung aus. Sich entscheiden zu müssen, die Sorge jemanden nicht zufriedenstellen zu können und sich durch eine Ablehnung möglicherweise unbeliebt zu machen. Gleichzeitig zeigt die starke Reaktion, dass der berufliche Alltag als so anstrengend empfunden wird, dass schon ein pure Anfrage reicht, um die Emotionen hoch kochen zu lassen. Dabei gibt es doch ein kleines cooles Zauberwort für heiße Anfragen und das heißt: **Nein!**

Ich sage Ja und meine Nein!

Nur Mut! Gönnen Sie sich öfter mal ein Nein!

Vielleicht kennen Sie die alte Filmkomödie *„Die Braut, die sich nicht traut"* mit Julia Roberts? Bei drei Heiratsanträgen sagt sie Ja und jedes Mal während der Trauung haut sie ab. Natürlich lässt sie Bräutigam und Gäste schockiert zurück, aber immerhin schafft sie es im letzten Moment, auf ihre Art Nein zu sagen.

Warum ist die Schwierigkeit, Nein zu sagen, ein Thema in unserem Mutmacher-Buch? Weil Nein sagen offensichtlich Mut kostet und damit vielen Menschen Probleme bereitet. Immer öfter beschreiben Teilnehmerinnen in meinen Seminaren, sich ferngesteuert zu fühlen. Ihre eigenen Pläne geraten dabei so sehr in den Hintergrund, dass sie Ja sagen, wenn sie eigentlich laut und deutlich Nein sagen wollen.

Wie kann das passieren? Anscheinend funktioniert unser innerer Kompass, der uns normalerweise den Weg durch den Dschungel aus Pflichten, Bedürfnisse und Anforderungen weist, unter hoher Belastung nicht.

Ja? Nein? Vielleicht?

Immer wenn wir Nein zu etwas sagen, treffen wir eine Entscheidung. Wenn wir uns für etwas entscheiden, entscheiden wir uns gleichzeitig immer auch gegen etwas. Das kann Mut erfordern. Nun gibt es entscheidungsfreudige Menschen, die gerne schnell Ergebnisse sehen und es gibt Menschen, die tun sich schwer Entscheidungen zu treffen, weil ihre Sorge, sich falsch zu entscheiden größer ist, als das Bedürfnis zum Ziel zu kommen.

Beispiel

Sie kennen die folgende Szene: Sie gehen mit zwei Freundinnen, nennen wir sie Mona und Jenny, essen. Alle lesen die Speisekarte. Ihnen läuft das Wasser im Mund zusammen und Sie denken: *„Gulasch mit Knödeln hört sich gut an! Das nehme ich!"* Sie gehen nach Ihrem Gefühl.

Jenny sagt ebenfalls: *„Gulasch mit Knödeln hört sich gut an! Weißt du, woher sie hier das Fleisch beziehen?"* Sie fragt den Kellner. *„Und wird man von der Portion satt?"* Der Kellner nickt. *„Das nehme ich".* Jenny hat sich aufgrund ihres Gefühls und ein paar Informationen entschieden.

Mona liest immer noch Speisekarte. Sie liest und liest und liest. Dann kommt ein langgedehntes *„Jaaaa, ich könnte vielleicht ja mal das Ratatouille probieren …"* Nun folgt die Überlegung zu den *„Fürs und Wieders"* eines Ratatouilles, gefolgt von einem *„obwooohl, vielleicht nehme ich doch lieber …"*

Die weitere Schilderung der Szene erspare ich uns. Mona überlegt nicht vorrangig, was sie gerne essen würde, sondern konzentriert sich auf mögliche Fehlentscheidungen. Das Ende vom Lied ist, als das Essen endlich kommt, sagt Ratatouille-Mona: *„Blöd, ich hätte doch auch das Gulasch nehmen sollen."*

Brauchen wir ein Entscheidungshilfe-Navi?

Vielleicht sollte ja mal jemand ein *„Ja-Nein-Entscheidungshilfe-Navi"* fürs Leben erfinden? Stellen Sie sich das mal vor, wie die sonore Stimme sagt: *„Gehen Sie gerade aus und halten Sie sich links! Schauen Sie nicht nach rechts. Auch wenn dort der gut aussehende Kerl steht. Der ist nichts für Sie. Er will sich mit Ihnen treffen? Sagen Sie bitte laut und deutlich Nein. Bitte gehen Sie weiter. Abbiegung links vor Ihnen. Sie möchten etwas trinken. Die kleine Bar rechts um die Ecke entspricht Ihrem Geschmack und Ihrem Geldbeutel. Bitte treten Sie ein!"*

Gute Gründe Ja zu sagen

Bevor wir uns damit beschäftigen, warum es schwer sein kann Nein zu sagen, werfen wir einen Blick auf die guten und schönen Gründe zu etwas Ja zu sagen. Ja sagen, obwohl es uns möglicherweise nicht leicht fällt. Weil es uns Zeit, Kraft und Geld kostet, womit wir möglicherweise selbst nicht im Überfluss gesegnet sind. Ein schöner Grund, zu etwas Ja zu sagen, ist sicher die Nächstenliebe. Und ein zweiter Grund, das erlösende Gefühl, unterstützen und helfen zu können, wenn Not am Mann ist oder

einfach einem anderen Menschen eine Freude zu bereiten.

Ein weiteres Motiv, Ja zu sagen, obwohl wir lieber Nein sagen würden, ist: Wir denken oder wissen, dass wir die möglichen Konsequenzen, die aus unserem Nein erwachsen würden, nicht tragen können oder wollen. Alle diese Jas haben etwas gemeinsam, sie sind bewusst und selbstverantwortlich ausgesprochen. Und das ist das Ziel dieses Kapitels: Sie daran zu erinnern, dass wir immer die Möglichkeit haben, uns in fragwürdigen Situationen neu zu entscheiden.

Gründe, warum es schwer fallen kann, Nein zu sagen

Die Vielfalt an Gründen für zähneknirschende Zustimmung statt freundlicher Ablehnung ist so groß wie unser Repertoire an Ausreden, warum wir heute mal nicht joggen gehen oder die fünfte Handtasche in rot kaufen. Die Hitliste der gängigsten Gründe Ja zu sagen, wenn ich Nein meine, ist keineswegs von Selbstlosigkeit geprägt, sondern hat viel damit zu tun, uns nicht streiten zu wollen, unser Image zu pflegen oder ist dem schlichten Größenwahn geschuldet, dass die Welt still steht, wenn ich mal nicht verfügbar bin.

Die Motive, warum wir Ja sagen, obwohl wir gerne Nein sagen würden, sind uns nicht immer bewusst. Die folgen-

de Liste habe ich mir nicht ausgedacht, sondern erfragt. Sie stammt von Seminar-Teilnehmerinnen, die sich selber die Frage gestellt haben, warum sie sich so oft übergangen, frustriert oder ausgenutzt fühlen. Eine bunte Auswahl, die sowohl auf die private wie auf die professionelle Ebene zutreffen kann.

Übung

Stellen Sie sich eine Situation vor, in der Sie jemand um etwas bittet, etwas von Ihnen fordert oder Ihnen einen Vorschlag macht. Eigentlich passt es Ihnen gar nicht, aber Sie sagen Ja. Was sind Ihre möglichen Beweggründe dafür?

☐ Solange ich bei allem Ja sage, können die nicht auf mich verzichten.

☐ *„Der Klügere gibt nach!"* – Harmonie geht mir über alles.

☐ Ich bin unendlich belastbar. Toll, wenn alle sagen: *„Unglaublich, wie du das schaffst!"*

☐ Sehr schön, von der gesamten Umgebung als Perle angesehen zu werden. *„Monischatz, was würden wir nur ohne dich tun!"*

☐ Mutti ist die Beste! Selbstlos und immer bereit. Sonst darf man eben keine Kinder kriegen.

☐ Sich drücken gilt nicht. Da beiße ich die Zähne zusammen und dann wird das zack, zack, gemacht.

☐ Natürlich leihe ich dir mein Auto! (Auch wenn ich vor Angst, dass du es kaputtmachst, die ganze Nacht kein Auge zutue.) Man will doch nicht als Spießer dastehen.

☐ Ich sage lieber zu allem Ja, dann müsst ihr doch merken, dass ich euch lieb habe.

☐ Ich sage lieber zu allem Ja, dann müsst ihr mich aber auch lieb haben.

☐ Wenn **ich** nicht helfe, tut es ja keiner, seufz.

☐ Die Anlaufstelle für Sorgen und Nöte bin nun mal ich. Zu wem sollen die denn sonst gehen?

☐ Ich will auf keinen Fall jemanden verletzen, lieber haue ich mich selbst in die Pfanne.

☐ Ich ertrage es nicht, jemanden zu enttäuschen. Ich will immer lieb sein.

☐ Wenn ich Nein sage, muss ich zu einem anderen Zeitpunkt vielleicht auch mit einem Nein rechnen.

☐ Dann kann der mich nicht mehr leiden. Ich habe Angst die Beziehung zu beschädigen.

☐ Das kennen die doch gar nicht, dass ich mal Nein sage. Was denken die denn dann von mir?

☐ Ich will auf keinen Fall als Egoistin dastehen.

☐ Wenn ich jetzt Nein sage, bricht hier doch alles zusammen.

☐ Ich kann eigentlich immer machen was andere wollen, denn ich habe gar keine eigenen Wünsche und Bedürfnisse

Tipp

Jemand, dem es schwerfällt, etwas zu abzulehnen oder Nein zu sagen, obwohl er es gerne würde, ist kein besserer oder schlechterer Mensch als andere. Er ist weder sozialer als andere noch ein Opfer. Er kann eben nur diese eine Sache nicht: **Nein sagen**, wenn er es gern sagen würde. Die gute Nachricht: Das kann man lernen!

Beispiel

Die wunderbare Geschichte der Ulla Schneider
„Mama, kannst du noch schnell mein rotes T-Shirt waschen? Ich brauche es unbedingt, wenn ich nachher Timo treffe", ruft Julia, die älteste Tochter.

„Mama, ich esse doch nix von Tieren, ich will, dass wir vegan essen!", nörgelt Jonas.

„Schatz, du müsstest mich morgen zum Fußball schauen mit den Jungens fahren, sonst muss ich das Auto dort stehen lassen!" Eddie gibt seiner Frau einen kleinen Klaps aufs hübsche Hinterteil. Die Kollegin ist aufgeregt: *„Du musst unbedingt deinen Urlaub mit meinem tauschen, der Hans kann nun doch nur in der ersten Augustwoche."* *„Na klar!"*, antwortet Ulla Schneider jedes Mal, *„kriegen wir alles hin!"*

„Ulla, wir können uns heute nicht treffen", sagt die beste Freundin am Telefon. *„Ich hoffe, du bist nicht böse!"*

Ich bin nicht böse, denkt Ulla Schneider, ich bin nur müde und weiß eigentlich gar nicht, wovon.

Ulla träumt: Aus einem großen Lautsprecher hört sie eine Stimme. *„Frau Ulla Schneider hat heute um 14:30 Uhr der Schlag getroffen."*

Hoppla, das bin ja ich, denkt sie. Ich fühle mich aber doch ganz prima. Sie sitzt auf einer weißen Wolke und segelt unbeschwert am Himmel entlang. Neugierig wirft sie einen Blick nach unten. *„Na so was!"*, ruft sie erstaunt. *„Was machen die denn da alle?"*

Unten versammeln sich Familie und Freunde zu ihrer Beerdigung. Ulla hört jedes Wort, das gesprochen wird.

„… war eine gute Seele …", sagt der Pfarrer gerade. *„ … immer* für andere da, *hat ihre eigenen Interessen und Wünsche immer hintenangestellt."*

„So ein Quatsch!", ruft Eddie.

Ulla zuckt zusammen, sie legt einen Finger an den Mund und flüstert: *„Psst, Eddie! Du darfst doch den Herrn Pfarrer nicht einfach unterbrechen!"*

Aber Eddie hört sie nicht. *„Meine Frau hatte keine eigenen Interessen und Wünsche. Die war froh, dass sie uns hatte! Stimmt's Kinder?"*

Die beiden nicken heftig. *„Die arme Mama"*, schluchzt Jonas. *„Jetzt hat sie niemanden mehr,* für den sie waschen, kochen und um den sie sich kümmern kann."

Julia schüttelt die langen Haare nach hinten. *„Ich will nie so werden wie die Mama"*, sagt sie entschlossen. *„Aber die Mama war ja gerne irgendwie so ein Niemand und sie fehlt mir jetzt schon."*

Eddie legt die Arme um seine beiden Kinder. *„Ja, so war sie"*, sagt er traurig. *„Aber wisst Ihr, solange wir alle zusammen waren, haben wir es ihr doch so schön wie möglich gemacht."*

Ulla ist fassungslos. Wie bitte? Sie ist ein Niemand ohne eigene Wünsche und Interessen? Sie, die so gerne liest, in Ausstellungen geht, die gerne tanzt und Volleyball spielt. Ulla gibt ihrer Wolke einen kleinen Schubs mit dem Fuß. Erst mal weg hier! Ruhig segelt sie weiter. Sie lehnt sich zurück und denkt nach: Wann hat sie denn das letzte Buch gelesen? Keine Erinnerung. Volleyball, das weiß sie genau, hat sie aufgegeben als Julia unterwegs war, und tanzen? Kein Thema. Eddie tanzt nicht gerne! In die einzige kleine Galerie am Ort geht sie nicht mehr, seit der Galerist sie zum Abschied geküsst hat und sie das Gefühl hatte, sie könnte sich in ihn verlieben. Sie will schließlich ihre Familie nicht aufs Spiel setzen.

Ulla hört ein immer lauter werdendes Klingeln. Gibt es im Himmel Wecker? Vorsichtig blinzelt sie die Augen auf. Das gibt's doch nicht! Sie ist gar nicht tot!

Neben ihr liegt Eddie und schnarcht leise. Alles nur geträumt? Zum ersten Mal, seit die Kinder da sind, macht Ulla einfach, was sie will. Sie bleibt liegen und denkt nach.

Eine halbe Stunde später klopfen die Kinder.

„Mama!", rufen sie vorwurfsvoll, „du hast uns nicht geweckt!"

„Stimmt! Dann kommt ihr heute eben mal zu spät!" antwortet Ulla fröhlich.

„Verdammt", Eddie springt aus dem Bett. „Was ist los mit dir? Du funktionierst doch sonst wie ein Schweizer Uhrwerk! Bist du krank?"

„Keine Ahnung!", antwortet Ulla. „Aber falls einer von euch noch Zeit hat und sich einen Kaffee macht, bringt mir doch bitte einen ans Bett. Und Eddie, nimm ein Taxi, wenn du zum Fußball schauen mit den Jungs fährst. Ich wollte zur Ausstellungseröffnung in die Galerie."

Nun wüssten wir natürlich zu gerne, wie es weiter geht. Wie würde denn für Sie das Happyend der Geschichte aussehen?

Kleines Fragenkarussell

- Vielleicht wäre es gut, wir würden uns im inneren Gespräch selbst manchmal eine freundliche Absage erteilen? Zum Beispiel: *„Nein, Ulla. Bei aller Liebe, du fährst Eddie nicht zu den Kumpels, du ruhst dich in der Zeit ein wenig aus!"*

- Vielleicht traut Ulla ihrem Mann Eddie zu, sich zu entscheiden, ob er die U-Bahn, den Bus, ein Taxi nimmt oder sich von einem Kumpel abholen lässt?

- Was denken Sie? Liegt Ulla, wenn er weg ist, vielleicht mit schlechtem Gewissen auf der Couch und grübelt: *„Eigentlich hätte ich ihn auch fahren können. Denn jetzt frage ich mich die ganze Zeit, ob ich ihn enttäuscht habe!"*

- Wie oft unterschätzen wir Kolleginnen und Partner in ihrer Fähigkeit, ein Nein zu verstehen und zu akzeptieren?

- Wie oft werfen wir jemandem vor, dass er oder sie uns ausnutzt oder undankbar ist? Wo wir doch die ganze Zeit versuchen, alles gut und richtig zu machen.

Beispiel

Ein Mann kommt am Abend nach Hause. Seine Ehefrau nimmt ihm den Mantel ab und sagt: *„Ich freue mich, dass du da bist, Schatz. Ich habe mich extra für dich schön gemacht. Ich hole dir mal einen Drink und für später habe ich uns was Leckeres gekocht. Ich lasse dir aber gerne vorher ein heißes Bad ein. Ach übrigens, ich habe deine Jeans gewaschen …"*

„Also sowas!", ruft der Mann. *„Da komme ich müde nach Hause und höre immer nur ich, ich, ich!"*

Im ersten Moment denken wir: So ein Stoffel, das tut sie doch alles nur für ihn. Aber auf eine Art hat der Mann völlig recht. Und so hätte es vielleicht ein vergnügter, entspannter Abend werden können, wenn die Ehefrau sich nicht in vorauseilendem *„Ich tue ja alles für mich – ääh, pardon für dich, Schatz."*, als aufopferndes Wesen inszeniert hätte. Natürlich wollen wir es anderen Menschen oft schön machen und lassen uns auch alles Mögliche dafür einfallen. Wenn das aber zur Kosten-Nutzen-Rechnung wird, verliert die ganze Sache an Charme. Wie ich das meine? Wenn man das Beispiel oben weiter schreiben würde, wäre der Text der Frau beim Telefonat mit ihrer Freundin: *„Ich gebe alles und er ist so undankbar!"*

Wie kommen wir aus der Nummer wieder raus?

Wo ein Wille ist, ist auch in Weg! Ohne Witz, das ist der entscheidende Punkt. Ich muss es wollen. Ich muss den Willen haben, mich von dem Selbstbild **„Ich bin immer und für alle da!"** zu verabschieden. Alles andere ist Übungssache und entwickelt sich nach und nach.

So kann es gehen:

1. Raus aus der Routine

Das kann bedeuten, Ihr Arm geht nicht wie sonst als Erster nach oben, wenn eine schwierige Aufgabe zu bewältigen ist. Beherzigen Sie den altbekannten Tipp: *„Tu' nichts ungefragt, wenn es jemand selbst tun kann."* Reflektieren Sie Ihre jeweilige Motivation, wenn Sie zusagen, obwohl Sie eigentlich ablehnen möchten.

2. Meckern und beschweren Sie sich nicht,

wenn Sie eine Zusage gegeben haben, für die Sie sich selbst entschieden haben. Freuen Sie sich daran, dass Sie helfen möchten und können. Das heißt natürlich nicht, dass wir uns ein *„Was habe ich mir da eingebrockt?"* dauernd verkneifen müssen. Aber die Betonung liegt auf *„ich"* und *„mir"*.

3. Überprüfen Sie Ihr Rollenverständnis,

beruflich und privat. Was ist Teil Ihres Jobs oder Ihrer Aufgabe? Daran ist möglicherweise nicht leicht zu rütteln. Wenn Sie im Job zugesagt haben, auch mal länger zu bleiben, ist das Teil der Abmachung. In diesem Fall liegt die Betonung auf *„auch mal"*. Alles andere ist ein Entgegenkommen Ihrerseits. Wenn Sie angeboten haben, den blöden Hamster, den Sie noch nicht mal leiden können, zu versorgen, begrenzen Sie Ihre selbstlose Hilfsbereitschaft zeitlich und klopfen Sie sich auf die Schulter für besonders soziales Verhalten.

4. Überprüfen Sie, ob das Helfen zur Sucht geworden ist,

zum Beispiel, wenn Sie feststellen, dass Sie vor lauter *„Ich rette die Welt!"* nicht mehr zu Ihrem eigentlichen Geschäft kommen. In diesem Fall geht die Hilfsbereitschaft bis zur Selbstschädigung und kann zu Depressionen oder Burnout führen. Die offizielle Bezeichnung dafür ist *„Helfersyndrom"* und sollte behandelt werden. Symptome: Sie vernachlässigen wichtige Aufgaben im Job. Sie vernachlässigen die Menschen, die Ihnen am nächsten stehen. Sie vernachlässigen Ihre Partnerschaft und Ihre eigenen Bedürfnisse.

5. Schaffen Sie sich Mitwisser,

die Sie darin unterstützen und Ihnen Mut machen, Nein zu sagen, wenn Sie es so meinen. Wenn helfen können Ihre Hauptquelle für Selbstbestätigung ist, suchen Sie sich professionelle Hilfe.

Nein sagen, die Königsdisziplin der gepflegten Kommunikation

Es gibt viele Möglichkeiten, Nein zu sagen. Ein mögliches Ziel dabei ist, unsere Ablehnung deutlich zu machen, ohne die Beziehung zu der jeweiligen Person zu beschädigen. Das können Sie Ihrem Gesprächspartner nonverbal signalisieren, vor allem über den Ton. Hier gilt dasselbe Prinzip wie beim Umgang mit Konflikten: *„Hart in der Sache, freundlich zum Menschen."* Zeigen Sie bei der Ablehnung einer Bitte oder eines Vorschlages, dass Sie nicht die Person ablehnen, sondern dass sich Ihr Nein auf die Sache beschränkt.

Zum Abschluss ein paar Nein-Angebote für unterschiedliche Situationen

Nein	Verschiedene Varianten
Unmissverständliches Nein Tipp: Achten Sie darauf, nicht zu lächeln, wenn Sie Nein sagen.	In Situationen, in denen Sie sich klar abgrenzen möchten. Je nach Situation unterstreichen Sie das Nein noch körpersprachlich durch eine Stopp-Geste.
Begründetes Nein	*„Nein, weil …!"* Dieses Nein ist eine Begründung und keine Entschuldigung. Ziel: Ihr Gesprächspartner kann das Nein nachvollziehen.
Bedingungs-Nein	*„Nein, es sei denn, du machst dafür …!"* Dieses Nein lässt Möglichkeiten der Verhandlung offen.

Nein	Verschiedene Varianten
Nonverbales Nein	Jemand sieht Sie auffordernd an, Sie schütteln fast unmerklich den Kopf.
Verzögertes Nein	*„Ich denke darüber nach!"*
	Zeit gewinnen, um zu überlegen, wie Sie Nein sagen können.
Präventives Nein	*„Da haben Sie vermutlich viel zu tun! Schade, ich kann Ihnen nicht helfen!"*
Emotionales Nein	*„Auf die Gefahr hin, dass Sie jetzt ärgerlich sind, ich sage Nein!"*
Bedauerndes Nein	*„Nein. Ich würde ja gerne, aber …!"*

Und nun heißt es üben, üben, üben. Seien Sie nicht zu streng mit sich, wenn Sie routinemäßig doch mal wieder in die Zustimmungsfalle gelaufen sind. Sie versuchen, Ihr Verhalten zu verändern und das ist nicht die leichteste Übung.

Darüber hinaus werden Sie feststellen, dass Ihre Umgebung nicht immer begeistert reagiert, wenn Sie plötzlich nicht mehr für alles zur Verfügung stehen. Das stehen Sie durch, denn Sie wissen, dass es sich lohnt. Es ist **IHR** Leben und Sie bestimmten selbstverantwortlich, wann Sie zu etwas Ja oder Nein sagen.

Wo ist das nächste Mauseloch?

Mit Lampenfieber zum Erfolg

Beispiel

Trommelwirbel! Fanfare! Tusch! Susi B. ist verliebt. Und das will was heißen. Denn Susi B. verliebt sich keineswegs jeden Tag. Vorgestern hat sie Mr. X beim Open Air-Konzert kennengelernt und morgen hat sie die erste Verabredung zum Abendessen. Susi B. braucht nur daran zu denken, dann spürt sie ein Kribbeln im ganzen Körper, ihr Herz klopft, ihr Atem beschleunigt sich, ihr wird heiß, sie schluckt vor Aufregung und die Knie zittern ein wenig.

„Ich freue mich so, ich habe Schmetterlinge im Bauch!", sagt Susi B. strahlend. Sollte Susi einen Vortrag beim Elternabend halten, hätte sie genau die gleichen Symptome, aber es würde sich anders anhören.

„Ich habe so Angst – mir dreht sich der Magen rum", würde sie sagen. *„Kann das nicht jemand anderes machen!"*

Der Mutmacher für Erzieherinnen & Erzieher

Was ist hier los? Sie kennen die Antwort. Susi ist aufgeregt. Aber würden wir auf die Idee kommen vor Aufregung jemand anderen zu unserem Date zu schicken? Im Leben nicht!

Tipp

Die Symptome bei Lampenfieber sind genau die gleichen, wie bei freudiger Aufregung. Wir bewerten sie nur anders.

„Na, dann stelle dir doch einfach vor, dein Publikum wäre dein Date!", bekommen wir nun möglicherweise von Herrn oder Frau Schlau zu hören. Wenn es so einfach wäre, empfänden wir Bewerbungsgespräche als ein einziges Vergnügen und alle Erzieherinnen und Erzieher würden sich um die Begrüßung und Präsentation beim Einführungs-Elternabend reißen. Und wenn es so einfach wäre, würden sich wohl nicht weltweit Schauspieler, Redner, Sänger, kurzum viele Menschen, die in Auftrittssituationen kommen, mit dem Phänomen Lampenfieber herumschlagen.

Meist ist es nicht einfach, mit den Lampenfieber-Symptomen klarzukommen. Aber auf die Gefahr hin, dass Sie mich für verrückt halten, Lampenfieber ist toll! Oder besser gesagt – kann toll sein. Warum?

- Lampenfieber zeigt uns, dass unser Warn- und Schutzsystem funktioniert, sobald wir in eine fremde, herausfordernde oder möglicherweise bedrohliche Situation geraten.

- Bei Lampenfieber haben wir eine hohe Adrenalinausschüttung. Ursprünglich gedacht, damit wir in lebensbedrohenden Situationen gut mit Kraft, Schnelligkeit und langem Atem versorgt sind, um zu kämpfen, zu flüchten oder standzuhalten. In Auftrittssituationen kann uns diese Adrenalin-Ausschüttung helfen, hellwach zu sein, Ausstrahlung zu gewinnen und Präsenz zu zeigen.

- Lampenfieber als Bewertungsangst zählt zu den sogenannten sozialen Ängsten. Wann immer wir Lampenfieber als blockierend empfinden, können wir uns die Frage stellen: Wovor habe ich Angst und warum? Wie wichtig ist mir die Beurteilung meiner Person durch die Eltern, die Kollegen oder den Träger? Die Auseinandersetzung mit Lampenfieber kann uns helfen, uns weiterzuentwickeln, unabhängiger von der Bewertung durch andere zu werden und unseren eigenen Maßstab zu entwickeln.

Wann Lampenfieber auftritt, wie es sich äußert und wie man es als positive Kraft nutzen kann, ist so unterschiedlich wie wir Menschen. Deshalb öffne ich jetzt gerne die Schatzkiste mit den Tipps und Tricks. Sie bedienen sich und ich würde mich freuen, wenn für Sie etwas dabei sein sollte.

Tipp

Der Umgang mit Lampenfieber funktioniert auf der mentalen Ebene, auf der körperlichen Ebene und auf der Handlungsebene.

Mentaler Umgang mit Lampenfieber

Das Grundprinzip ist: Schieben Sie die blockierenden Gedanken aus Ihrem Kopf heraus und schieben Sie andere, beflügelnde Gedanken hinein!

So unterschiedlich kann es in einem aufgeregten Kopf aussehen:

Blockierende Gedanken	Beflügelnde Gedanken
Hoffentlich finden die Leute mich gut!	Ich bin gespannt, wie die Leute auf das Thema reagieren!
Wie blöd, dass ausgerechnet ich das machen muss!	Ich bin aufgeregt und es ist eine tolle Chance, das Thema zu vermitteln!
Ich wünschte, es wäre schon vorbei!	Egal wie es läuft, danach stoßen wir im Team erst mal an. Darauf freue ich mich!
Hoffentlich kommen keine überraschenden Fragen!	Bei überraschenden Fragen sage ich: Danke, interessante Frage, die habe ich mir noch gar nicht gestellt. Ich mache mich gerne kundig.
Oh Gott, wenn die mich alle so ansehen …	Wenn ich mit etwas Schwierigkeiten habe, sehe ich Frau XY an, die schaut immer so freundlich.

Blockierende Gedanken	Beflügelnde Gedanken
Ich bin leider ein spezieller Trottel, ich bin so aufgeregt, alle anderen machen sowas mit links, oje ist mir schlecht, wie schrecklich ist das alles …	Hoppla, ich bin ganz schön aufgeregt, mir zittern ja die Knie. Dann arbeite ich heute halt mit zitternden Knien, los geht's! Was soll schon passieren?

Vielleicht gönnen Sie sich einen Perspektiv-Wechsel?

Weitere mentale Hilfen

⦾ Nehmen Sie das Lampenfieber samt der Symptome wahr und nehmen Sie es ohne Wertung an. Es ist Teil Ihres Jobs, hin und wieder aufregende, ungewohnte oder ungeliebte Situationen zu bewältigen. Der Satz im Kopf dazu: *„Ich bin aufgeregt und jetzt gehe ich da rein und mache meinen Job!"*

⦾ Wir müssen nicht immer happy oder tiefenentspannt sein, um gut und zielgerichtet zu arbeiten. Erinnern Sie sich an die Situationen, die Sie mit Aufregung gut gemeistert haben, z. B. eine Prüfung, Bewerbung. Wehleidigkeit ist nicht hilfreich im Umgang mit Lampenfieber-Symptomen. Der Satz im Kopf dazu: *„Es gibt ein Leben nach der Veranstaltung!"*

○ Konzentrieren Sie sich auf das Thema, statt auf die Frage, ob Leute Sie gut finden. Sie werden nicht als Selbstdarstellerin bezahlt, sondern dafür, dass Sie Informationen und pädagogische Hilfestellungen geben, glaubwürdig Werte vertreten und Ihren Job machen. Der Satz im Kopf dazu: *„Die Leute kommen, weil sie etwas wissen wollen und nicht um mich zu beurteilen."*

Noch mehr kleine mentale Hilfen

○ Stellen Sie sich vor, jemand der Sie bestärken kann, ist an Ihrer Seite.

○ Stecken Sie einen Talisman ein, der Sie daran erinnert, was Sie schon alles geschafft haben.

○ Erinnern Sie sich an Ihre Kompetenz, Ihre Erfahrungen. Wenn Sie Anfängerin sind, denken Sie daran, dass alle mal angefangen haben.

○ Geben Sie sich die Selbstinstruktion: *„Bleib ruhig!"*

○ Denken Sie daran, es hat einen Grund, warum Sie jetzt diese Rolle haben und an dieser Stelle stehen. Sie haben sich diesen Job ausgesucht.

○ Wenn Sie nicht gerade Hamlet spielen und *„Sein oder nicht sein, das ist hier die Frage"* weglassen, merkt kein Mensch, ob Sie Text verdreht oder vergessen haben. Niemand außer Ihnen kennt Ihren Text.

○ Wenn Sie während der ganzen Veranstaltung darauf fixiert sind, dass nur nichts passiert, passiert tatsächlich

nichts und alle Beteiligten hätten in der schönen Zeit mit den Kindern spielen oder statt hier auf den harten Stühlen zu sitzen, zu Hause gemütlich auf der Couch abhängen können. Also haben Sie Mut, auch Unvorhersehbares zuzulassen.

Körperliche Hilfen

Das Grundprinzip ist, das Adrenalin abzubauen, beweglich zu bleiben und Blockaden auflösen zu können. Sicherheit im Körper wirkt sich positiv auf die innere Sicherheit aus.

Übung

Suchen Sie bei Unsicherheit einen guten, festen Stand und verteilen Sie das Gewicht auf beide Füße. Spüren Sie den festen Boden unter Ihren Füßen. Stellen Sie sich vor, Ihre Füße sind im Boden verwurzelt. Die Kraft kommt aus dem Boden durch Ihre Fußsohlen und lässt Sie wachsen, bis Sie Ihre volle Aufrichtung haben.

Verlagern Sie die Anspannung in den Po, so können Sie die Arme frei bewegen und Ihr Atem kann frei fließen.

Wenn Ihre Stimme zittert, spannen Sie für die ersten fünf Sätze die Bauchmuskulatur an. Sie und das Publikum brauchen die ersten fünf Sätze um sich an Ihren Stimmklang in diesem Raum zu gewöhnen.

Bei trockenem Mund hilft trinken nur für den Moment. Drücken Sie die Zungenspitze von hinten gegen die Scheidezähne und bewegen Sie sie ein wenig hin und her. Dadurch kommt der Speichelfluss in Gang. Alternative: Ein sehr kleines Stück Kaugummi im Mund behalten.

Rot werden, schwitzen, Herzklopfen. Alle drei Symptome werden vom vegetativen Nervensystem gesteuert und sind somit schwer direkt zu beeinflussen. Rot werden können wir nur akzeptieren, nicht verhindern. Wenn Sie darauf angesprochen werden, nach dem Motto: *„Na da bist du ja ganz schön ins Schwitzen gekommen, eine richtige rote Birne hattest du!"*, lächeln Sie freundlich und antworten: *„Ja, stimmt. Daran sieht man immer, dass mir das Thema am Herzen liegt."*

Schwitzen: haben Sie ein Stofftaschentuch in der Tasche und benutzen Sie es selbstbewusst, wenn es nötig ist. Herzklopfen ist am ehesten durch ruhiges Atmen in den Griff zu kriegen. Wenn Sie sich voll auf ihr Thema konzentrieren normalisiert es sich am schnellsten.

Ruhig atmen. Bei Aufregung und unter Stress ist der Körper mit Luft überversorgt. Die Kraft liegt in der Ausatmung. Atmen Sie immer länger und stärker aus, als Sie einatmen.

Hilfe auf der Handlungsebene

Das Grundprinzip lautet: Bauen Sie Aufregung ab, indem Sie sich auf das Thema und das Publikum konzentrieren.

- Bereiten Sie sich gut vor!
- Checken Sie den Raum und die Technik bevor es losgeht noch einmal.
- Kleiden Sie sich so, dass Sie sich gut und ansehnlich fühlen
- Platzieren Sie Leute, die Sie mögen, an verschiedenen Stellen im Raum.
- Begrüßen Sie die Besucher schon beim Hereinkommen. Wärmen Sie sich an, bevor es losgeht. Machen Sie Small Talk.
- Wenn Sie nicht ganz frei sprechen wollen, arbeiten Sie mit Stichwortkarten (Karteikarten) bzw. mit einem großen Ablaufplan am Flipchart. Eine Stichwortkarte ist kein Spickzettel. Gehen Sie offen und unbefangen damit um. Das gibt Ihnen Sicherheit und Sie haben gleichzeitig etwas in der Hand.

- Wenn Sie den roten Faden verlieren oder eine Blockade haben, lösen Sie die Schrecksekunde auf, indem Sie sich bewegen, dann kommt Ihr Gehirn wieder in Schwung. Benutzen Sie notfalls Füllsätze, wie: *„Was wollte ich noch sagen?"*, oder sprechen Sie es an: *„Jetzt habe ich tatsächlich den Faden verloren, wo waren wir?"* Werfen Sie einen Blick auf die Stichwortkarte und weiter geht's.

- Nutzen Sie die drei As: Anschauen (Stichwortkarte), Aufschauen (das Publikum anschauen), Ansprechen (das Publikum ansprechen).

- Sehen Sie das Publikum an, wenn Sie sprechen, und versuchen Sie die Menschen wirklich wahrzunehmen. Dadurch behalten Sie die Kontrolle über die Situation.

- Nehmen Sie sich Zeit. Versuchen Sie nicht so schnell wie möglich aus dem Mittelpunkt zu verschwinden. Sie stehen aus gutem Grund dort!

Tipp

Kalkulieren Sie in Ihrer Vorbereitung ein, dass Sie möglicherweise **Lampenfieber** haben werden. Bereiten Sie sich inner- lich mit einem Handlungsvorsatz darauf vor, den Sie vor der Veranstaltung für sich innerlich immer wieder abrufen.

Der Handlungsvorsatz kann zum Beispiel lauten:

„Wenn ich die Aufregung spüre, werde ich ruhig ein- und ausatmen!" Sie merken schon, das Entscheidende ist, dass Sie genau wissen, was Sie bei Aufregung tun können. So kommen Sie aus dem Gefühl der Hilflosigkeit heraus.

Eine wirkungsvolle Fortsetzung des Handlungsvorsatzes ist die **Selbstinstruktion** oder auch **Selbstbefehl** genannt. Der Selbstbefehl funktioniert tatsächlich, indem Sie sich eine klare Handlungsanweisung geben. Die kann z. B. lauten: „*Nimm deine Stichwortkarten* (Sie tun exakt das), *stehe auf* (auch das tun Sie), *schau' in die Runde* (Sie schauen Ihr Publikum an), *begrüße die Leute* (nun fangen Sie an zu sprechen)."

Ein positiver Nebeneffekt der Selbstinstruktion ist, dass Sie nicht in Ihren Vortrag hinein stolpern, sondern zumindest nach außen sehr ruhig und souverän starten.

Tipp

Ob unsere Bewertungsangst groß oder klein ist, hängt auch davon ab, wie wir selbst auf andere Menschen reagieren. Überprüfen Sie, durch welche Brille Sie Ihre Umgebung bei öffentlichen Auftritten sehen. Haken Sie eher die Mängelliste ab? Wenn wir das tun, gehen wir in der Regel davon aus, dass andere das mit uns genauso machen. Ändern Sie Ihre Perspektive. Richten Sie den Blick statt auf die Defizite auf die Qualitäten Ihrer Mitmenschen. Versuchen Sie auch an Menschen, die Ihnen nicht sympathisch sind, positive Seiten zu entdecken? Sie werden feststellen, dass Sie wesentlich entspannter leben und arbeiten.

Buchtipp

Werner Metzig, Martin Schuster: Prüfungsangst und Lampenfieber: Bewertungssituationen vorbereiten und meistern. Springer Verlag, 2009

Elternabend – auch das noch!

Mut zu Elternabenden mit Pfiff

> „Man sollte nie vergessen,
> dass die Gesellschaft lieber unterhalten
> als unterrichtet werden sein will."
> (A. Freiherr von Knigge)

Dasselbe gilt für den Elternabend! Kennen Sie die zehn wichtigsten Regeln für den Elternabend?

1. – 9. **Du sollst nicht langweilen!**
10. **Du sollst wissen, wovon du sprichst!**

Diese zehn Regeln funktionieren jedoch nur, wenn wir die goldene Grundregel beherzigen: **Du sollst dich wohlfühlen!**

Wofür auch immer Sie sich entscheiden, Elternabend oder Elternnachmittag, gestalten Sie die Veranstaltungen so, dass Sie selber gerne Gast dort wären. Stellen Sie Ihr Licht und das der Kita nicht unter den Scheffel! Der Elternabend ist eine wunderbare Gelegenheit, die engagierte Arbeit, die Sie machen, professionell, selbstbewusst und kraftvoll zu präsentieren.

Kleiner Mutmacher-Leitfaden für vergnügte Elternabende

Thema: Bieten Sie für den Themen-Elternabend ein praxisnahes Thema an, das den Eltern konkrete Hilfestellungen für den Alltag gibt.

Ziel: Gestalten Sie einen angenehmen Abend bei dem Sie unterhaltend informieren, die Beziehung zu den Eltern vertiefen und sowohl die Kita als auch sich selber angemessen präsentieren.

Dauer: Höchstens zwei Stunden

Publikum: Laden Sie alle Erwachsenen, die im familiären Umfeld mit den Kindern zu tun haben, ein. Wie viele werden etwa kommen? Sprechen alle deutsch? Brauchen Sie einen Dolmetscher?

Ihre Rolle: Sie und das ganze Team sind die Gastgeberinnen. Sind Sie gleichzeitig Referentin? Kompetente Fachfrau für offene Fragen? Moderatorin bei Gesprächen zwischen Eltern und Referentin? Wie verteilen Sie die Rollen im Team? Jede von Ihnen sollte einen Part haben.

Atmosphäre: Gestalten Sie den Abend hell, unkompliziert und freundlich. Lieber mit improvisiertem Charme, als bemüht perfekt. Lassen Sie beim Ankommen der Eltern Musik laufen. Legen Sie eine kleine Willkommens-Süßigkeit auf die Stühle. Machen Sie die Leute miteinander bekannt. Wenn Sie eine rege Beteiligung wünschen,

bringen Sie die Eltern so schnell wie möglich zum Sprechen.

Medien: Schreiben Sie die Dauer der Veranstaltung und den Ablaufplan für alle sichtbar auf. Das ist für Sie selber, wie ein großer Stichwortzettel. Was für Medien wollen Sie einsetzen? Z. B. Power Point, Foto-Dokumentation.

Referent: Wählen Sie eine Referentin, die fachkompetent, humorvoll und am Gespräch mit den Eltern interessiert ist. Vorträge sollen kurz und knackig sein, die Zuhörer zum Mitdenken und Fragen aktivieren. Kein falscher Respekt! Machen Sie im Vorgespräch eine klare Ansage, was Sie sich vorstellen.

Der eigene Vortrag: Wenn Sie selbst als Vortragende aktiv werden, können Sie sich in der Vorbereitung an der folgenden **5-Punkte-Formel für Reden** orientieren.

Die 5-Punkte-Formel

1. Interesse wecken (z. B. durch eine Geschichte, Fallbeispiel, Requisit, Zitat, Frage)

2. Sagen, worum es geht (das Thema benennen, Problem schildern).

3. Begründen und Beispiel (verschiedene Argumente und Perspektiven ansprechen, Studien vorstellen, Erfahrungen und Situationen aus dem Alltag schildern).

4. Fazit ziehen (zu welchem Ergebnis kommen Sie auf Grund des bisher gesagten).

5. Appell (Bitte, Ermutigung oder Aufforderung zum Handeln).

Für Vorträge gilt die 20-Minuten-Regel. Das heißt, nach 20 Minuten Input sollte das Publikum die Möglichkeit haben, selbst aktiv zu werden.

Methoden, die bewegen

Ziele: Aktivierend mit den Eltern zusammenarbeiten. Für die Eltern ein Thema sinnlich erlebbar machen, ohne dass sie sich wie Kinder benehmen müssen.

Praxis-Tipp: Nutzen Sie nur Methoden und Medien, die Ihnen persönlich gefallen und von deren Effektivität Sie überzeugt sind. Wenn Sie nicht sowieso aktive Eltern haben, machen Sie immer transparent, warum Sie gerade diese oder jene Methode benutzen.

Beispiel

Erster großer Elternabend. Um die Eltern miteinander bekannt zu machen, verteilt das Team nach der Begrüßung Memory-Kärtchen. Jeweils zwei Personen, die das gleiche Bild haben, finden sich als Paar zusammen. Im Hintergrund läuft leise Musik.

„Bitte stellen Sie sich einander kurz vor", sagt Franziska, die Leitung.

Bei der dritten Runde, bemerkt ein Vater unwirsch: *„Müssen diese Spielchen sein? Können Sie uns nicht einfach die notwendigen Informationen geben und fertig ist die Laube?"*

„Ich verstehe Sie", erwidert Franziska ruhig. *„Das hätte ich vielleicht besser vorweg gesagt. Wir verbringen ja nun eine ganze Weile miteinander. Ihre Kinder spielen zusammen und uns liegt viel daran, dass Sie sich untereinander kennenlernen. Wir haben diese Methode, statt der obligatorischen Vorstellungsrunde gewählt. Aber wenn Sie das nicht mögen, gedulden Sie sich vielleicht einen Moment und dann geht es auch gleich weiter mit unseren Themen!"*

„Ist schon in Ordnung", brummelt der Vater und wendet sich der nächststehenden Person zu, *„ … und wer sind Sie?"*

Alle lachen.

Bewährte Methoden

Zitate-Spaziergang

Ziel: Warmup miteinander und mit dem Thema

Wann: Für den vergnügten Einstieg

So geht's: Sie verteilen viele Zitate zum Thema, einzeln auf bunte Blätter kopiert, auf dem Boden. Die Eltern spazieren zwischen den Zitaten herum und lesen sie.

Ihre Ansage: *„Bitte bleiben Sie bei dem Zitat, das Sie besonders anspricht, stehen. Unterhalten Sie sich mit Ihrem Nachbarn, was Ihnen an diesem Zitat besonders gut gefällt!"* Erfragen Sie im Anschluss locker, was zu den Zitaten besprochen wurde.

Murmeln

Ziel: Aktivierung, alle mit ins Boot nehmen.

Wann: Wenn Eltern sich nicht äußern, passiv bleiben.

So geht's: Nach einem Input stellen Sie eine Frage zum Thema. Bitten Sie dann die Eltern, mit ihrer Nachbarin für etwa fünf Minuten ins Gespräch zu gehen.

Der Mutmacher für Erzieherinnen & Erzieher

Kopfstandmethode

Ziel: Um die Ecke denken und dadurch neue Perspektiven gewinnen.

Wann: Zur Themenbearbeitung.

So geht's: Die Teilnehmer sammeln gemeinsam Ideen, wie die Lösung einer bestimmten Aufgabe auf keinen Fall gelingen kann, und halten diese auf einem Flipchartbogen fest. Anschließend werden die positiven Umkehrungen gesucht und überlegt, wie man diese erreichen kann.

Die Kopfstandmethode bietet die Chance, eigenes Verhalten zu entdecken. Außerdem macht es Spaß mal alle unangenehmen Aspekte einer Situation auszusprechen oder schriftlich festzuhalten.

Streichholzfeedback

Ziel: Kleines Feedback, bei dem sich jeder einmal äußert.

Material: Eine Schachtel Streichhölzer, ein Glas Wasser

Wann: Am Schluss der Veranstaltung.

So geht's: Nacheinander zündet jeder Teilnehmer ein Streichholz an und darf solange Feedback geben, bis das Streichholz erlischt. Der Sitznachbar hält zur Sicherheit ein Glas, in das das Streichholz geworfen werden kann.

Tipp

Mehr Methoden finden Sie in Internet-Foren unter dem Stichwort Erwachsenenbildung.

Umgang mit Störungen

Alles, was uns davon abhält, unser Ziel zu erreichen, empfinden wir als Störung. Und genau damit können wir rechnen, sobald mehrere Menschen aufeinandertreffen. Was als Störung empfunden wird, ist subjektiv und die Reaktion immer situationsabhängig. Der Umgang mit Störungen gelingt am Besten, wenn wir innerlich beweglich sind. Wenn Sie Angst vor Störungen haben, überlegen Sie sich im Vorfeld, was Sie befürchten und machen Sie eine Plan B. Die folgenden Situationen werden in meinem Seminaren am häufigsten als Störung genannt:

Zu-spät-Kommer: Wenn jemand in den Raum huscht und sich leise einen Platz sucht, begrüßen Sie nonverbal, z. B. durch ein lächelndes Zunicken und fahren Sie in Ihrer Rede fort. Wenn jemand lautstark zu spät kommt, unterbrechen Sie Ihre Rede, begrüßen Sie und helfen Sie, ganz Gastgeberin, einen Platz zu finden.

Beispiel: *„Herr Soundso, schön, dass Sie da sind! Schauen Sie, hier vorne ist noch ein Platz frei! So, weiter geht's*

Der Mutmacher für Erzieherinnen & Erzieher

mit unserem Thema." Verschwenden Sie keine Energie darauf, sich über Zu-spät-Kommer zu ärgern, gehen Sie souverän mit dieser Störung um. Behalten Sie die Führung!

Vielredner: Sie kennen die Kandidaten, die sehr viel Redezeit für sich beanspruchen? Sie sind nicht unhöflich, wenn Sie einen Vielredner stoppen. Es ist der Job der Gesprächsleitung, die Gruppe und das Thema zu schützen, um zu einem Ergebnis zu kommen. Behalten Sie die Führung!

Würdigen Sie das Engagement und sagen Sie, dass Sie nun auch noch an anderen Meinungen interessiert sind. Setzen Sie die Methode Murmeln ein und erfragen Sie die Ergebnisse reihum. Verweisen Sie auf den Ablaufplan und die fortgeschrittene Zeit. Fragen Sie in die Runde, ob das Thema auch für die anderen interessant ist. Bieten Sie dem Vielredner ein Anschlussgespräch unter vier Augen an.

Nebengespräche: Sie sind nicht immer ein Anzeichen von Desinteresse. Manchmal gibt es Verständnisfragen oder Irritationen. Wenn sich die Eltern kennen, geben Sie am Anfang des Elternabends zehn Minuten Zeit für Small Talk, das minimiert die privaten Nebengespräche. Wenn Sie fortwährende Unruhe im Raum spüren fragen Sie, ob das Thema noch für alle interessant ist, ob es Fragen zum Thema gibt, stellen Sie eine Frage und nutzen Sie die

Methode Murmeln, benennen Sie die Unruhe und bieten Sie eine kleine Pause an.

Mein-Kind-Gespräche: Sie kennen die Situation? Plötzlich funktioniert ein Elternteil den Elternabend zu einem Elterngespräch um und stellt das eigene Kind in den Mittelpunkt. Zeigen Sie Verständnis für die offensichtliche aktuelle Sorge der Eltern. Vermeiden Sie es aber in einen Dialog zu gehen. Achten Sie darauf, immer Blickkontakt mit der gesamten Runde zu halten. Bei Hartnäckigkeit stellen Sie die Frage in die Runde: *„Für wen ist dieses Thema noch von Bedeutung?"* Wenn es eine Mehrheit ist, haben Sie keine Wahl. Dann gehen Sie sofort auf das Thema ein, bzw. vereinbaren eine Möglichkeit, das Thema zu klären. Ansonsten bieten Sie schnell ein gesondertes Gespräch an. Behalten Sie die Führung!

Unerwartete Fragen: Rechnen Sie grundsätzlich mit überraschenden Fragen. Bleiben Sie ruhig und in Ihrer Reaktion so nah an der Realität wie möglich, ohne das Gesicht zu verlieren. Beispiel: *„Das ist eine sehr interessante Frage, die ich mir so noch nie gestellt habe. Danke! Da möchte ich mich noch mal kundig machen."*

Vielleicht gestalten Sie bereits vergnügte Elternabende, die Sie und die Anwesenden erfreuen, dann hat Sie dieses Kapitel hoffentlich darin bestätigt. Vielleicht hat Ihnen dieses Kapitel auch Mut gemacht und Anregungen gege-

Der Mutmacher für Erzieherinnen & Erzieher

ben, etwas Neues auszuprobieren? Beides würde mich freuen.

Tipp

Richten Sie nach dem Elternabend, gemeinsam im Team, zunächst den Blick auf alles, was gut gelungen ist. Und falls Sie mutig etwas ausprobiert haben und es noch nicht so gut geklappt hat, geben Sie nicht auf! Manche Dinge brauchen Zeit. Auf jeden Fall klopfen Sie sich gegenseitig auf die Schulter. Sie haben Ihr Bestes gegeben – das reicht!

Buchtipp

Ulrike Lindner: Elternabend in Kita und Krippe mal anders. Verlag an der Ruhr, 2010

Man hat's halt oder man hat es nicht

Wie kommen die Erkenntnisse aus dem Kopf ins wahre Leben?

Man hat's halt oder man hat es nicht!

Dieser Satz enthebt uns jeder Verantwortung und er stimmt in den seltensten Fällen. Wir alle können uns frei entscheiden und uns verändern. Wir können Dinge aus einer anderen Perspektive sehen, wir können lernen, mit unseren Gefühlen umzugehen, wir können lernen, uns anders zu verhalten, als wir es bis jetzt getan haben. Nicht die leichteste Übung, aber möglich.

Veränderung ist immer ein Prozess. In der Regel wachen wir nicht morgens auf und verhalten uns plötzlich und dauerhaft anders. Schade eigentlich!

Nein, wenn wir etwas verändern wollen, sollten wir uns auf den Weg machen. Wobei die entscheidenden Fragen nicht sind: Von wo will ich weg? Was will ich mir abgewöhnen? Sondern: Wo will ich hin? Was möchte ich dazu gewinnen?

Daraus ergeben sich die motivierenden Ziele, für deren Erreichung ich etwas tun kann.

Wenn ich z. B. stark unter Bewertungsangst leide, ist mein motivierendes Ziel nicht: Ich will keine Bewertungsangst mehr haben. Sondern: Ich will mich bei meinen öffentlichen Auftritten gut fühlen. Wenn ich mich viel mit meiner Kollegin streite, ist mein Ziel nicht, mich weniger zu streiten, sondern mich mit der Kollegin besser zu verstehen.

Zur Unterstützung stelle ich Ihnen ein Modell vor. Es ist angelehnt an die Arbeit von Prochaska/di Clemente, zwei amerikanischen Psychologen, und heißt Stufen der Veränderung (Prochaska, Clemente 1984). Nehmen wir als Fallbeispiel unsere ängstliche Lisa aus dem ersten Kapitel. Sie erinnern sich? Lisa würde sich als schüchtern bezeichnen. Sobald mehr als zwei Leute im Raum sind, fällt es ihr schwer, sich zu äußern.

Die sechs Stufen der Veränderung können Lisa zum Ziel führen.

Die 1. Stufe: Lisa ist noch in der Ausbildung. Sie ist zuverlässig, beliebt und macht ihre Sache prima. Vor Präsentationen, Referaten oder Diskussionen drückt sie sich aber. Es gibt immer jemanden, der ihr das abnimmt und deshalb ist Lisa noch relativ sorglos, was ihre Schüchternheit anlangt.

Das ist die Stufe der Sorglosigkeit.

Die 2. Stufe: Lisa hat jetzt einen Job in der Kita. Ihr ist bewusst, dass sie durch ihre Schüchternheit Probleme bekommen wird. Die Leitung ist unterstützend aber erwartet, dass Lisa sich weiterentwickelt. Lisa beschließt: Ich will lernen mich im Team zu äußern. Ich will mich in Zukunft beim Elternabend und in Elterngesprächen besser fühlen. Ich werde etwas dafür tun.

Das ist die Stufe der Absichtsbildung.

Die 3. Stufe: Lisa weiß, von nichts kommt nichts. Also meldet sie sich für eine Fortbildung zum Thema *„Der öffentliche Auftritt"* an. Am Tag der Fortbildung bereut Lisa schon beim Aufwachen, sich angemeldet zu haben. Aber sie zwingt sich und geht mit mulmigem Gefühl dorthin. Sie hat Glück. Einigen der Teilnehmer geht es genauso wie ihr. In der praxisorientierten Fortbildung kann sie üben. Am Ende geht sie natürlich genauso schüchtern hinaus, wie sie hineingegangen ist, aber sie weiß nun, wie sie ihrem Ziel näher kommen kann.

Das ist die Stufe der Vorbereitung.

Die 4. Stufe: Ein paar Wochen sind vergangen. Lisa übt vorsichtig und ängstlich. Aber Schritt für Schritt traut sie sich mehr. Sie übt, in der Teamsitzung eine Idee vorzustellen, sie schaut Eltern beim Gespräch in die Augen, sie übernimmt mit großem Lampenfieber die Begrüßung beim Elternabend.

Das ist die Stufe der Handlung.

Die 5. Stufe: Lisa kämpft. Für die Kolleginnen ist die Tatsache, dass sie sich äußert, nichts Besonderes mehr. Auch die Leitung ist in ihrer Unterstützung etwas erlahmt. Außerdem steht die neue Kollegin gerne im Mittelpunkt und übernimmt Lisas Part freiwillig mit. Lisas Projekt scheint zu scheitern. Aber sie gibt nicht auf. Sie steckt Rückschläge und mangelnde Unterstützung weg und besucht eine zweite Fortbildung zum Thema, die sie motiviert, weiter zu üben. Das ist die schwerste Stufe.

Dies ist die Stufe der bewussten Aufrechterhaltung der Handlung.

6. Stufe: Zwei Jahre später. Lisa hat die Kita gewechselt. Ihre neuen Kolleginnen können kaum glauben, dass sie früher zurückhaltend und schüchtern war. Sie ist immer noch keine Krawalltüte, aber sie kann ihren Job mit allen Präsentations-Pflichten bestens ausüben. Lisa ist, was diese Verhaltensänderung anbelangt, am Ziel. Sie kann sich ohne bewusste Anstrengung an Gesprächen und Präsentationen beteiligen. Die Fähigkeit, sich öffentlich zu äußern, ist in ihr Verhaltensrepertoire übergegangen.

Das ist die letzte Stufe und damit das Ziel.

Diese Stufen der Veränderung gehen wir in unserem Leben öfter, und es ist ermutigend festzustellen, dass es immer wieder gelingen kann, ans Ziel zu kommen.

Die Mutmacher

Mit Handwerkszeug zum Ziel

Auf unseren Wegen begegnet uns Vorhersehbares, Überraschendes und manchmal auch Befremdliches. Da kann es helfen, wie beim Fußball, wenigstens für die Standardsituationen schnell etwas aus dem Koffer zaubern zu können. Denn kaum etwas gibt mehr Mut als die Sicherheit, zu wissen, was man tut. Deshalb finden Sie auf den nächsten Seiten Handwerkszeug – als unterstützende Mutmacher für die unterschiedlichsten Situationen. Bedienen Sie sich! Suchen Sie sich aus, was zu Ihnen und Ihrem beruflichen Alltag passt!

1. Mutmacher: Souveränität

Viele Menschen stehen nicht gerne im Mittelpunkt. Wenn es Teil Ihres Jobs ist, nehmen Sie diese Rolle als Herausforderung an. Folgende drei Tipps können Ihnen helfen, im Mittelpunkt souverän zu bestehen:

Nehmen Sie sich Raum. Sorgen Sie dafür, dass Sie genug Bewegungsfreiheit haben. Quetschen Sie sich nicht direkt neben das Flipchart, in der Hoffnung, dass man Sie dann weniger sieht. Sich Raum nehmen, bedeutet auch, sich Raum im eigenen Körper zu lassen. Richten Sie sich zu Ihrer vollen Größe auf, sorgen Sie für einen

festen Stand, indem Sie zwischen den Füßen Spielraum lassen, drücken Sie die Arme nicht eng an den Oberkörper, sondern lassen Sie sie locker hängen, um gestikulieren zu können.

Nehmen Sie sich Zeit. Kennen Sie das? Da huscht ein Mensch in die Mitte, haspelt in einem Affentempo eine Begrüßung oder Ansage herunter und ist schneller aus dem Mittelpunkt verschwunden, als eine Sternschnuppe vom Himmel fallen kann. Schade für alle Beteiligten! Auch wenn Sie vielleicht nur einen kurzen Part haben, nehmen Sie sich Zeit und Ruhe. Atmen Sie ruhig, lassen Sie Ihren Blick durch die Reihen oder durch den Stuhlkreis wandern und dann sagen Sie, was Sie mitteilen wollen. Sicher stehen Sie in diesem Moment nicht ohne Grund im Mittelpunkt. Schließlich haben Sie diesen Job bekommen, weil irgendjemand an Sie glaubt und Ihnen zutraut, diese Rolle auszufüllen.

Wecken Sie Aufmerksamkeit. Keine Sorge, Sie müssen dafür nicht im Bananen-Röckchen beim Elternabend erscheinen. Aber wenn wir etwas zu sagen haben, ist es schön, wenn jemand zuhört. Aufmerksamkeit wecken können Sie durch unterschiedlichste Mittel. Was würde Ihnen gefallen?

- Ihre eigene Begeisterung und Ausstrahlung,
- Fragen an die Eltern,
- Praxisbeispiele aus dem Kindergartenalltag,
- ein aktuelles Ereignis, z. B. aus der Presse,

- Geschichte zum Thema,
- Requisiten, Lieblingsspielzeuge der Kinder,
- Musik (thematisch bezogen),
- provokativer Einstieg (extreme Bilder oder Film zu einem Thema),
- Zitat oder Witz,
- jeder bringt ein Foto mit (z. B. aus seiner Kindergartenzeit).

2. Mutmacher: Atem

Übung

In den Boden atmen: Stellen Sie sich hin, richten Sie sich auf, atmen Sie durch die Nase ein. Nun stellen Sie sich vor, Sie atmen durch den ganzen Körper, durch die Fußsohlen in den Boden hinein aus. Beim Ausatmen wachsen Sie ein kleines Stückchen und verstärken damit Ihre Aufrichtung. Es ist also eine Gegenbewegung: Während Ihr Atem im Boden verschwindet, zieht Ihr Kopf Richtung Decke.

Kraft atmen: Verknüpfen Sie Ihre Atemzüge mit Gedanken. Denken Sie beim Einatmen: *„Ich atme Kraft ein!"* Lassen Sie eine kleine Atempause und denken Sie beim Ausatmen: *„Ich atme meine Angst aus!"* Das machen Sie, bis Sie spüren, dass Sie ruhiger sind.

Sich ruhig atmen: Atmen Sie ein und etwa doppelt solange aus. Also wenn Sie auf zwei Zählzeiten (1, 2) einatmen, dann atmen Sie auf vier Zählzeiten (1, 2, 3, 4) wieder aus. Verknüpfen Sie diese verlängerte Ausatmung mit einem oder zwei Worten, die Sie beruhigen, z. B. *„Bleib ruhig"*. Sie werden feststellen, dass Ihre Bewegungen sich dabei verlangsamen, Sie aber aktiv bleiben. Es ist, als ob Sie beim Autofahren in einen niedrigeren Gang schalten.

Eine Anmerkung zu den Atemübungen: Sie können funktionieren, müssen aber nicht. Wenn es nichts für Sie ist, machen Sie sich nichts draus. Es gibt auch andere Mittel, um ruhig zu werden. Wenn Sie Asthma oder Migräne haben, machen Sie diese Übungen bitte nicht (alleine).

3. Mutmacher: Mitwisser

Wenn Sie Pläne haben, sich zu verändern, erzählen Sie es einer Person Ihres Vertrauens. Diese kann Sie immer wieder an Ihr Vorhaben erinnern, Sie unterstützen oder Ihnen Rückmeldung geben.

4. Mutmacher: die gute Vorbereitung

Bereiten Sie sich auf schwierige Gespräche vor.

Folgende Fragen können Ihnen dabei helfen:

Wie geht's mir? Wie ist mein Gefühl zu diesem Gespräch? Meine Tagesform? Ich sollte nicht übermüdet und hungrig in schwierige Situationen reingehen. Nehmen Sie sich vorher Zeit sich in Form zu bringen.

Was will ich? Was ist mein Ziel? Eine der wichtigsten Fragen, denn danach richtet sich Ihre Vorbereitung. Wollen Sie Dampf ablassen? Gemeinsam zu Lösungen kommen? Ein Ergebnis offenes Gespräch führen? Verdeckt lenken, um ein bestimmtes Ergebnis zu erzielen? Ihren Standpunkt vertreten, ohne die Beziehung zu beschädigen?

Was kann ich? Mit welchen Kompetenzen bin ich ausgestattet? Kann ich zum Beispiel sagen: *„Na dann nehmen Sie Ihr Kind und gehen Sie doch woanders hin!"*, ohne meine Kompetenzen zu überschreiten? Aber auch: Welche Fähigkeiten habe ich? Fällt es mir schwer oder liegt es mir, so ein Gespräch zu führen? Was brauche ich, damit es effektiv verlaufen kann?

Was darf ich? Was gestatte ich mir selber an Aktionen und Reaktionen? Ich reagiere im Kritikgespräch vielleicht anders, wenn ich drei Kinder habe und ein Haus abbezahlen muss, als wenn ich nur für mich allein sorgen muss. Was darf ich, ohne meine Werte zu verraten?

Was befürchte ich? Was könnte schlimmsten Falls passieren? Daraus kann ich einen Handlungsvorsatz entwickeln. *„Wenn … passiert, werde ich …"* Wenn Sie befürchten, dass das Gespräch so wenig effektiv endet, wie beim letzten Mal, sollten Sie sich eine andere Methode überlegen. Wenn ein Gespräch, das zwei Mal mit derselben Methode geführt wurde, nichts gebracht hat, bringt es auch beim dritten Mal nichts. Hier sind Kreativität und Methodenwechsel gefragt, z. B. ein anderer Ton, mehr oder weniger Druck, andere Fragen stellen, krassere Konsequenzen aufzeigen.

5. Mutmacher: schlaue Fragen

Fragen gehört mit zum Besten, was die Kommunikations-Techniken zu bieten haben. Es gibt viele verschiedene Fragemöglichkeiten, die unterschiedliche Zielsetzungen haben. Diese strategischen Fragen haben sich in schwierigen Gesprächen bewährt.

Einwandfrage: Was spricht dagegen, dass …?

Gegenfrage: Was schlagen Sie vor?

Isolationsfrage: Was ist Ihr wichtigstes Problem?

Vorschlagsfrage: Was halten Sie von meinem Vorschlag?

Provozierende Frage: Warum sind Sie so ablehnend?

Kontrastfrage: Wenn das damals *so* war – wie könnte das jetzt werden?

6. Mutmacher: gute Vortragsplanung

Wer von uns hat nicht schon Däumchen drehend in Vorträgen gesessen und gehofft, dass der Spuk bald vorbei ist. Deshalb gilt die goldene Regel: Kein Vortrag länger als 20 Minuten, es sei denn, er enthält aktivierende, interaktive Elemente, die das Publikum mit einbeziehen.

7. Mutmacher: Kontakt herstellen

Egal, ob Sie eine Begrüßung machen, einen Referenten ansagen oder einen Vortrag halten, Sie arbeiten immer auf zwei Ebenen. Der Sachebene, dort geben Sie die notwendigen Informationen, und der Beziehungsebene, dort bauen Sie den Kontakt zu Ihrem Publikum auf. Wenn die Beziehungsebene nicht hergestellt wird, müssen Ihre Zuhörer schon sehr motiviert sein, um die Informationen an- und aufzunehmen. Deshalb können wie uns immer die Frage stellen:

Sprechen wir vor **Leuten?** Sie kennen das Bild: Der zerstreute Professor tigert vor seinen Studenten auf und ab und spricht seine sicher wertvollen Erkenntnisse vor sich hin.

Sprechen wir zu **Leuten?** Das Bild kennen viele Leute, die schon mal bei einer Predigt in der Kirche dabei waren. Man fühlt sich möglicherweise bei dem einen oder anderen moralischen Appell angesprochen, bleibt aber innerlich wie äußerlich in der Passivität.

Sprechen wir mit **Leuten?** Das ist sicher die Methode, mit der wir Menschen am ehesten erreichen und zum Mitdenken anregen. Dafür müssen wir nicht in einen verbalen Dialog mit dem Publikum gehen. Wir bauen nonverbal, über den Blick einen starken Kontakt auf, wir sprechen in einem Ton, der mehr mit einem Gesprächston als einem Vortragston zu tun hat und wir gestalten unseren Vortrag so, dass das Publikum Gelegenheit hat, zu nicken, zu lachen, zu klatschen oder sich auch mal zu äußern.

8. Mutmacher: mein eigener Weg

Wenn Sie sich auf den Weg machen, um Ihr Ziel zu erreichen, vermeiden Sie es, sich dauernd mit anderen Menschen zu vergleichen. Jeder von uns geht von seinem eigenen Ausgangspunkt los. Was für den einen ein kleiner Schritt ist, ist für Sie vielleicht ein ganz großer.

9. Mutmacher: Freundlichkeit im Konflikt

Versuchen Sie, einen Konflikt immer so zu lösen, dass niemand mit dem Rücken zur Wand steht.

„Nachthemden sind nicht gefährlich. Sie beißen nur, wenn sie angegriffen werden." (Pippi Langstrumpf in Lindgren, 1967)

Das Gleiche gilt für Menschen. Agieren Sie so, dass auf beiden Seiten Anschlussverhalten möglich ist. Wenn sich die Tür beim Gegenüber erst einmal geschlossen hat, kann es schwierig werden, sie wieder zu öffnen. Lassen Sie möglichst niemanden mit leeren Händen nach Hause gehen.

10. Mutmacher: Rückmeldung

Wenn Sie ein vertrauensvolles Verhältnis zu Ihren Kolleginnen haben, vereinbaren Sie differenzierte Rückmeldung, z. B. auf Ihren Auftritt beim Elternabend, beim Elterngespräch, auf Ihre Moderation bei Teambesprechungen. Vielleicht bitten Sie die Kolleginnen, ganz gezielt auf bestimmte Punkte zu achten.

Bei Aktivitäten mit Eltern kündigen Sie am Anfang an, dass Sie am Schluss um eine Rückmeldung auf die Veranstaltung bitten werden. Das erhöht die Aufmerksamkeit und Sie bekommen die verdiente Anerkennung.

11. Mutmacher: die eigene Sprache

Überprüfen Sie Ihr sprachliches Repertoire. Die richtigen Worte sind grundsätzlich Ihre persönlichen Worte. Worte,

die von Herzen kommen und die zu Herzen gehen. Angenommen, Eltern haben den Kindergarten bei einer schwierigen Sache unterstützt und Sie wollen sich öffentlich bedanken. Vermeiden Sie Phrasen oder zu formelles Sprechen wie: *„Deshalb möchten wir Ihnen hier und heute unseren Dank ausdrücken!"* Persönlicher und direkter ist: *„Sie haben uns geholfen, als wir Sie am dringendsten gebraucht haben. Danke!"* Was auch immer Sie sagen, drücken Sie aus, was Sie fühlen.

12. Mutmacher: Körpersprache

Wenn Sie im Gespräch Reaktionen auf sich bekommen, mit denen Sie nicht rechnen oder die Sie nicht einordnen können, überprüfen Sie Ihre Körpersprache. Unser Blick, unser Ton und die gesamte Körperhaltung drücken aus, was wir in einer Situation fühlen oder denken. Sind Sie angespannt, wütend oder resigniert? Nehmen Sie Ihr Gefühl war und wechseln Sie dann Ihre Körperhaltung. Über die veränderte Haltung ändern sich auch ihre Atmung, Ihr Gefühl und Ihr Tonfall.

13. Mutmacher: Schlagfertigkeit

Kleine Mutprobe gefällig? Dann probieren Sie ein paar Schlagfertigkeits-Taktiken aus. Es kann großen Spaß machen, Angriffe ins Leere laufen zu lassen. Wir müssen dafür nicht schnell oder besonders witzig sein. Es gibt

viele Möglichkeiten der Reaktion. Nehmen wir als Angriff: *„Machen Sie hier eigentlich auch noch was anderes, als Kaffee trinken?"*

Die Rückfrage-Taktik: *„Wie bitte? Ich habe Sie gerade akustisch nicht verstanden. Könnten Sie das wiederholen?"* (Die wenigsten Leute wiederholen gerne einen verbalen Angriff. Falls jemand es doch tut, schließen Sie mit einer der anderen Techniken an.)

Die ich-nehme-dich-ernst-Taktik: *„Aber ja, wir machen viele verschiedene Dinge. Turnen, Experimente, malen. Ich kann Ihnen aber gerne einen Kaffee holen."* (Sie reagieren, als ob es eine ganz normale Frage wäre.)

Die Überraschungs-Taktik: *„Kommen Sie nächste Woche zu unserem Sommerfest? Wir würden uns freuen."* (Sie überhören den Angriff scheinbar und reden einfach von etwas ganz anderem.)

Die Nonverbal-Taktik: Sie reagieren ohne Worte. Nonverbal. Sie sehen den Angreifer fragend an, ziehen die Augenbrauen hoch und schütteln leicht befremdet den Kopf, als ob Sie insgeheim denken würden *„Was soll das denn, -bist du irre geworden?"* (Eine sehr wirkungsvolle Taktik vor allem als Frau Männern gegenüber.)

Die Zustimmungs-Taktik: *„Ist ja witzig, das fragt mich mein Mann auch immer. Ja, doch! Wir machen noch ein paar andere Sachen. Vielleicht möchten Sie mal einen Tag bei uns hospitieren?"*

Wenn Sie eine dieser Taktiken eingesetzt haben, wenden Sie sich möglichst schnell etwas anderem zu, sodass daraus kein längerer Schlagabtausch entstehen kann.

Buchtipp

C. Grötzebach: Gekonnt schlagfertig – nie wieder um eine Antwort verlegen. Cornelsen, 2008

14. Mutmacher: Was kann schon passieren?

Wenn Sie eine Situation, die auf Sie zukommt, als bedrohlich empfinden, spielen Sie im Kopf durch, welche Konsequenzen sich daraus ergeben könnten. Sind sie existentiell? Z. B.: Job weg, keiner liebt mich mehr, ich kriege in meinem Leben nie wieder ein Bein auf den Boden? In der Regel ist das alles nicht der Fall. Ansonsten, wenn Sie sicher sind, die Konsequenzen nicht tragen zu können, versuchen Sie die Situation zu vermeiden.

15. Mutmacher: Humor

„Nach manchem Gespräch mit einem Menschen hat man das Verlangen, einen Hund zu streicheln, einem Affen zuzunicken oder vor einem Elefanten den Hut zu ziehen."
(Maxim Gorki)

Wenn ich an diesen Satz denke, kann ich mir, selbst in schwierigen Gesprächssituationen, ein Lächeln kaum verkneifen. Das alleine kann die Situation schon wesentlich verändern. Was bringt Sie zum Lächeln, Lachen oder Schmunzeln? Können Sie innerlich etwas Vergnügliches abrufen? Wir sollten immer etwas in uns mittragen, womit wir uns, wenn's mal nicht so angenehm ist, heimlich und nur für uns allein amüsieren können.

16. Mutmacher: Mal daneben hauen!

An dieser Stelle zwinkere ich allen Perfektionistinnen zu. Wie haben wir laufen gelernt? Indem wir uns öfter auf den Hosenboden gesetzt haben. Wie haben wir sprechen gelernt? Indem wir fehlerhafte Sätze gebildet haben. Sie merken schon, wo der Hase hinläuft. Lernen, ohne Fehler zu machen, geht nicht.

Natürlich mögen wir es, wenn unsere Pläne wie am Schnürchen funktionieren. Aber verabschieden wir uns vom Gedanken der Perfektion. Was soll das sein? Mal abgesehen von eindeutig messbaren Sachen, liegt Perfektion ganz stark im Auge des Betrachters. Organisieren Sie eine Veranstaltung, brillant, alles klappt. Ein paar Leute werden sagen: *„Toll organisiert, war super!"* Ein paar werden sagen: *„Ja, war o. k."*, und ein paar Gäste werden sagen: *„War gut organisiert, hat mir aber trotzdem nicht gefallen. Zu glatt, zu cool, zu angestrengt."* Merken Sie etwas? Was für uns perfekt ist, muss es noch lange nicht

für andere sein. Einigen wir uns doch darauf: Wir geben, was wir können. Nicht mehr aber auch nicht weniger. Und das muss reichen!

17. Mutmacher: Überzeugungssprache

Wir unterscheiden die Berichtssprache, damit werden Informationen vermittelt, und die Beziehungssprache, die dazu dient, eine Bindung zwischen Redner und Zuhörer herzustellen. Versuchen Sie auf der professionellen Ebene ein ausgewogenes Verhältnis zwischen beiden Sprachstilen herzustellen. Das heißt, reine Information erreicht Ihre Zuhörer in der Regel genau so wenig, wie die *„Wir wollen uns doch alle liebhaben-Blümchen-Bienchen-Sprache"*. Versuchen Sie abgenutzte Sätze wie *„Wir freuen uns, dass Sie so zahlreich erschienen sind!"*, zu vermeiden. Was wollen Sie denn genau sagen? Vielleicht freuen Sie sich, dass sich so viele Leute für das Thema interessieren? Oder dass sie sich nach einem Arbeitstag noch mal auf den Weg gemacht haben? Verzichten Sie mutig auf Phrasen. Das macht Sie zu einer starken Rednerin.

18. Mutmacher: Perspektiv-Wechsel

Sehen Sie sich bitte mal die folgende Rechnung an. Fällt Ihnen etwas auf?

7+5 = 12
4+3 = 7
6+2 = 9
4+2 = 6
8+1 = 9

Na? Was ist Ihnen aufgefallen? Die meisten Leute sagen: 1 Fehler! 6 + 2 ist 8. Das stimmt. Aber warum sagen wir nicht zuerst 4 Lösungen sind richtig? Eine Frage der Perspektive, oder? Wäre es nicht wesentlich motivierender, zunächst den Blick auf den Erfolg statt auf das Defizit zu richten?

19. Mutmacher: Anerkennung

Anerkennung nonverbal ausgedrückt, sagt oft mehr als viele Worte. Ein zustimmendes Nicken, ein respektvolles Schulterklopfen, ein dankbarer Händedruck, ein Zuzwinkern an der richtigen Stelle, den Daumen hochrecken, applaudieren. Viele Möglichkeiten, die darauf warten, ausprobiert zu werden.

20. Mutmacher: Ihr ganz persönlicher Mutmacher?

Hier kann er seinen Platz finden.

Medientipps

Literatur

Sabine Asgodom:
Eigenlob stimmt: Erfolg durch Selbst-PR.
Econ 2003

Jacob und Wilhelm Grimm:
Grimms Märchen: Kinder- und Hausmärchen.
Nikol Verlag, 2014

C. Grötzebach:
**Gekonnt schlagfertig – nie wieder um eine Antwort
verlegen.**
Cornelsen, 2008

Adolph Freiherr von Knigge:
Über den Umgang mit Menschen.
Anaconda, 2011

Astrid Lindgren:
Pippi Langstrumpf.
Oetinger, 1967

Ulrike Lindner:
Elternabend in Kita und Krippe mal anders.
Verlag an der Ruhr, 2010

Albert Mehrabian, Morton Wiener:
Decoding of Inconsistent Communications. In: Journal
of Personality and Social Psychology 6, American Psycho-
logical Association,1967 (http://coes.latech.edu/assets/
owise/non-verbal_communication.pdf)

Werner Metzig, Martin Schuster:
**Prüfungsangst und Lampenfieber: Bewertungssituatio-
nen vorbereiten und meistern**.
Springer Verlag, 2009

James O. Prochaska, C.C. di Clemente:
**The Transtheoretical Approach: Crossing Traditional
Boundaries of Therapy**.
Krieger Pub., 1994 (Neuauflage)

Astrid Schütz:
**Je selbstsicherer, desto besser? Licht und Schatten po-
sitiver Selbstbewertung.**
Beltz, 2005

Bettina Theißen:
Selbstvertrauen entwickeln. Starke Spiele für starke Kita-Kinder.
Verlag an der Ruhr, 2012

Richard Wiseman:
Machen, statt denken!
Fischer Taschenbuch, 2013 (3. Aufl.)

Musik und Film

Shirley Bassey:
I will survive. In: Get the Party started.
Lock Stock and Barrel, 2012 (http://dameshirleybassey.net/)

Stephen Daldry (Regie):
Billy Elliott – I will dance.
Verleih: UIP, 2000 (http://www.kino.de/kinofilm/billy-elliot-i-will-dance/57391)

* Alle angegeben Internetadressen haben wir geprüft (Stand September 2014). Da sich Internetadressen und deren Inhalte schnell verändern können, ist nicht auszuschließen, dass unter einer Adresse inzwischen ein ganz anderer Inhalt angeboten wird. Wir können daher für die angegebenen Internetseiten keine Verantwortung übernehmen.

Der Mutmacher für Erzieherinnen & Erzieher

Postfach 10 22 51 · 45422 Mülheim an der Ruhr
Telefon 030 / 89 785 235 · Fax 030 / 89 785 578

bestellungen@cornelsen-schulverlage.de

Die aktuellen Preise finden Sie auf unserer Internetseite.

**Verlag
an der Ruhr**

>>> www.verlagruhr.de

Keiner darf zurückbleiben

Selbstvertrauen entwickeln
Starke Spiele für starke Kita-Kinder
von Bettina Theißen

In diesem Buch finden Sie Spiele und Rituale, die Ihre Kita-Kinder dabei
unterstützen, ein positives Selbstbild zu entwickeln. Beim Retten der Prinzessin
darf jeder einmal im Mittelpunkt stehen, und als Bodyguards zeigen die Kinder
Mut. Spielerisch können Sie so schüchterne Kinder ermutigen, mutige Kinder
bestärken und starke Kinder auch mal schwach sein lassen, damit scheue Mäuse
selbstbewusst und brüllende Löwen sanftmütig werden. Und auch für Sie bietet
jedes Kapitel passend zum Thema einen ganz persönlichen Tipp.

3-6 J., 120 S., 17x24 cm, Paperback
ISBN 978-3-8346-0932-8